LA ISLA DE LOS PECES MUERTOS

COLECCIÓN CANIQUÍ

EDICIONES UNIVERSAL, Miami, Florida, 2015

Miriam Morell

LA ISLA DE LOS PECES MUERTOS

Copyright © 2015 by Miriam Morell

Primera edición, 2015

EDICIONES UNIVERSAL
P.O. Box 450353 (Shenandoah Station)
Miami, FL 33245-0353. USA
(Desde 1965)

e-mail: ediciones@ediciones.com
http://www.ediciones.com

Library of Congress Catalog Card No.: 2015932596
I.S.B.N.: 1-59388-268-8
EAN # 978-1-59388-268-6

Composición de textos: María Cristina Zarraluqui

Diseño de la cubierta: Luis García-Fresquet

Dibujo de la portada: óleo/canvas «La Isla» de Rubén Berlán

Todos los derechos
son reservados. Ninguna parte de
este libro puede ser reproducida o transmitida
en ninguna forma o por ningún medio electrónico o mecánico,
incluyendo fotocopiadoras, grabadoras o sistemas computerizados,
sin el permiso por escrito del autor, excepto en caso de
breves citas incorporadas en artículos críticos o en
revistas. Para obtener información, diríjase a
Ediciones Universal

A Lico Balan

El hecho de carecer de un ámbito nacional propio ha precipitado a los exiliados a buscar en todas partes la realización de su destino profesional.
Carlos Alberto Montaner

Índice

Prólogo 13
Capítulo 1 19
Capítulo 2 23
Capítulo 3 25
Capítulo 4 29
Capítulo 5 35
Capítulo 6 39
Capítulo 7 43
Capítulo 8 51
Capítulo 9 53
Capítulo 10 57
Capítulo 11 61
Capítulo 12 63
Capítulo 13 71
Capítulo 14 73
Capítulo 15 77
Capítulo 16 79
Capítulo 17 83

Capítulo 18 87
Capítulo 19 91
Capítulo 20 97
Capítulo 21 99
Capítulo 22 103
Capítulo 23 107
Capítulo 24 111
Capítulo 25 115
Capítulo 26 117
Capítulo 27 119
Capítulo 28 123
Capítulo 29 127
Capítulo 30 129
Capítulo 31 131
Capítulo 32 133
Capítulo 33 137
Capítulo 34 139
Capítulo 35 141
Capítulo 36 149
Capítulo 37 153
Capítulo 38 155
Capítulo 39 159

Capítulo 40	163
Capítulo 41	167
Capítulo 42	171
Capítulo 43	173
Capítulo 44	177
Capítulo 45	183
Capítulo 46	189
Linconl Díaz Balart (comentario)	191

Prólogo

La isla de los peces muertos trata en esencia la historia de una frustración, de un engaño y de una manipulación tanto desde el punto de vista personal como socio histórico; porque, ciertamente, uno de los aciertos mayores de la novela es lograr que las vivencias íntimas de la protagonista coincidan con las realidades de su país. Otro acierto destacable es que esta coincidencia, esta superposición, se produce de manera tangencial sin que en ningún momento la autora nos haga explícita su intención. No hay que inducir que estamos en presencia de una diatriba política tras la fachada de una historia personal; nada más lejos de eso. Si a más de la historia que, como ustedes supondrán, no les voy a contar, tuviéramos que declarar un tema, un leitmotiv, este sería la búsqueda de la identidad. Si hablamos de identidad tenemos que movernos en el plano más íntimo del ser humano, pero también en el que está más allá de su piel, que no por eso deja de resonar interiormente. Ya pueden ir imaginando que no es una novela de grandes acciones, de constantes movimientos ni de minuciosas descripciones, es una novela sobre la condición humana y, por tanto, una novela, eso sí, de graves reflexiones.

En nuestras sociedades bien o mal llamadas posmodernas hay una nueva visión sobre el mundo romántico y Miriam se apodera de ese actualizado *dictum* para reflexionar sobre la persona: su naturaleza compleja, sus anhelos frecuentemente frustrados, su torpeza religiosa, su incapacidad para soportar el sufrimiento y su constante intento de racionalizar sus acciones, sus pensamientos, sus decisiones y su fe.

Un centro constante de debate dentro de la novela gira, pues, en torno al romanticismo y a su capacidad de dar carta de reconocimiento a lo infinito dentro de los sentimientos humanos, así como dentro de la racionalidad en que se asienta la comprensión de ellos. Si para el iluminista la razón debe dominar al mundo a partir de un enfrentamiento con sus potencias irracionales; para el romántico la razón se constituye en fuerza espiritual infinita en tanto sustancia del mundo. Entre la posición de un Hegel que encuentra la felicidad en la pacificación racional del mundo y la de un Schopenhauer que experimenta la infelicidad de la contraposición irracional del mundo, pero que logra reconocerse en la infinitud de esa contraposición se encuentran las antípodas reflexivas de esta novela. Los personajes se moverán de una a otra posición sin maniqueísmos, sin pedanterías y sin esquematismos. Son personas que buscan, inquieren, discuten desde la ternura del coterráneo, ellos intentan develar el velo de Maya de lo fenoménico para encontrar la realidad oculta detrás de la ilusión, del sueño, de la apariencia, de la falsa religiosidad o de la manipulación política; quieren desmontar la voluntad irracional para entender qué sucede en el subsuelo de las pasiones del hombre.

Dentro de ese grupo de jóvenes diletantes, el personaje de Amalia centra la atención del lector, pero ella se percibe más en la atmósfera de Kierkegaard dado su sentido de culpa, ese castigo de Dios que, como el filósofo, ella siente pesar sobre su familia y, en particular, sobre ella misma en tanto carne despedazada sin más destino que soportar y sufrir. Percibe una amenaza oscura e impalpable, pero paralizante. Una amenaza que se entreteje con su particular percepción de la experiencia mística teresiana en un marco confesional aberrado, dogmático y humillante. No obstante, como Kierkegaard, ella busca la salida en lo que el cristianismo tiene de relación privada con Dios e intenta dominar la angustia de la soledad desde la incertidumbre angustiosa de la fe. A fin de cuentas para ella la vida es la existencia dentro de la duda; para ella la muerte es parte esencial de la espiritualidad y, a la vez, motivo de temor y desasosiego; para ella el pecado es opuesto no a la virtud sino a la fe; para ella la espiritualidad consiste en pensar la propia condición humana desde la tensión que se establece entre la libertad y la necesidad, y en este sentido, ella se convierte en eje alrededor del cual gira la meditación toda de la novela.

Otra de las aristas que se me ocurre indispensable para esta nota es aquella que se relaciona con la obra de arte, su concepción, su concreción y su relación con la sociedad, ilustradas en la producción musical de Wagner. De cualquier manera no es la música del alemán lo que se discute, sino su manipulación por nazis o judíos, según el caso. Evidentemente hay un plan bien estructurado en la novela e intereses bien definido en lo que respecta a la capacidad humana para distorsionar los ideales o hacer aparecer como límpidas promesas de futuro las más aberradas intenciones.

Mitos como los de Narciso, el santo Grial, Parsifal o los peces egipcios, que devendrán cristianos, son puestos sobre la mesa en esta pesquisa de lo artístico como expresión superior del hombre.

Desde esa libertad responsable que da sentido a la vida según las peculiaridades de cada personaje, Miriam nos entrega una novela desafiante y arriesgada por su sinceridad, su hondura humana y por su propuesta léxico-semántica. El lenguaje es muy cubano sin ser falsamente popular, sin ser almidonadamente académico y sin pretender marcar diferencias entre unos personajes y otros.

Uno de los logros mayores de Miriam en esta su octava novela es dar con los instantes privilegiados en que siente no se sabe qué fuerza de expresión, de misión y de propagación universales venida desde lo profundo de su espíritu hasta el lenguaje común para hacernos vibrar junto a sus personajes, a sus reflexiones y, en última instancia, a ella misma.

Ramiro Fuentes Álamo

1

Nos reuníamos frecuentemente y en diferentes lugares. Al principio soñamos planes que pensábamos significativos en beneficio de nuestro país, aunque ya algunos perdían la autoestima en las tembladeras identitarias del recuerdo.

—Aquí no hay nada mío. Nada me pertenece. Quiero reunirme con ustedes para sostenerme. Es que no tengo el espacio que me acostumbré a ocupar, el que sentía de mi propiedad.

Frank desplegaba su desesperanza, esa que lo empujaba a enviar a su país fotografías delante de carros ajenos, de casas alquiladas, de paisajes hermosos como antifaces risueños. Era relativamente joven, había venido con su familia inmediata y tenía un buen trabajo.

Es que la pertenencia es una categoría del espíritu, un elemento de la personalidad. Eso que habla de mí, pensaba Luis Ramón. Cada una de tus pertenencias te vinculan con el espacio que perdiste, y la personalidad que designa ese espacio es lo único singular en ti. Las características que te distinguen de los demás. La personalidad también implica como reacción una persona bajo diversas circunstancias.

María Elena, telépata y cómplice, le hizo un guiño para obligarle a compartir su meditación.

—Y cuidado con el narcisismo —expresó como si los demás conocieran su pensamiento—, demanda esmero y admiración constante desde la roca esencial de tu conciencia. Tenemos que cuidarnos de la ansiedad social que genera depresión, que inventa lo que fuimos allá y nos compulsa a conquistar fantasías y emociones complicadas. Cuidado con los fantasmas de lo que tuvimos, de lo que creímos haber sido, de la inestabilidad del perro que se relame y pierde el equilibrio. El narcisismo patológico refleja en el agua falsa de nuestro estanque la imagen inventada, el recuerdo inventado, el amor inventado.

Miró en torno y sentenció con inusitada energía: Cuidado con los espejos.

Amalia rodó la silla para resaltar su pertenencia al grupo, alguien que no quiere escapar o ser raptada o borrada como las turbias entelequias en los cuadros de Carlos Henríquez.

—Es complicado lo que cuentas. Un cambio de todo, hasta del pensamiento, porque no podemos vivir anclados en el pasado. Pero también me

La isla de los peces muertos

gustaría descargar. Yo espero constantemente que me suceda una catástrofe. Vivo preocupada por algo que no sé si sucederá y que me impide vivir el momento presente.

Una nube de pesadumbre oscureció su rostro. María Elena intentó espantar los fantasmas, la nube, la catástrofe:

—Este es el tiempo que nos toca. Encerrarse en el pasado resulta, a la corta o a la larga, un vicio, una trampa del subconsciente, y quedas ahí bloqueada hasta el punto de creerte a pie juntillas la nueva realidad, la nueva irrealidad.

2

Esa misma tarde quedaron organizadas las peñas, destinadas a debatir temas de interés para el grupo. Aquellas reuniones juveniles y desenfadadas se convirtieron en motivo para intentar el desenmascaramiento de lo que llamábamos la realidad perceptible.

—Yo no quiero atosigar con mis problemas —decía Amalia— porque aprecio el objetivo de reunirnos como grupo de apoyo en tierra ajena; pero es que se me ahoga la existencia en el misterio de un instante que quise siempre investigar. No reconozco mi realidad, la mente no encuentra la sensación adecuada porque percibe otra. Un fantasma recorre las praderas del espíritu en un recuerdo que no permite que los hombres entierren a sus muertos.

»He pasado mucho tiempo buscando reordenar mi vida, intentando la inserción en algún grupo humano, queriendo asumir la nueva identidad de extranjera refugiada, y solo he encontrado la despersonificación del destierro, la pérdida de significados, la nada ante la flecha del tiempo. Son recurrentes las visiones que asoman desde la ventana y vienen del paisaje original.

»Pasaba tantas horas lejos de mí. Nunca sentí que era dueña de algo. Una noche alguien me encontró y amé hasta el amanecer. Una noche alguien me enamoró, una noche entre tantas de mi vida, cierta o inventada. Lucho por traerla al presente, pero solo alcanzo la nada, esa realidad dividida. Mi mente puede ser absurda, me doy cuenta; pero es aunque no tenga sentido, existe aunque no tenga razón.

»El pasado es lo terminado, la historia de un desarraigo brutal que limitó mis posibilidades. Y, ya saben, pronto aparecerá el absurdo de la muerte; sin embargo, algo va más allá de las cosas con las que nos relacionamos, eso que recuerdo, eso que imagino me hace consciente de mi noche, aquella en que me sentí a mí misma, me supe a mí misma. Desde esta distancia es como no ser, como un hueco, pero mi naturaleza fue mi plenitud.

»Será que soy lo que no he querido ser. Será una fase que no he sabido, no he querido, no he podido, no me han dejado aprovechar…

3

Eran todos del mismo pueblo y necesitaban mantenerse en contacto. La conversación era la manera de evadir el aislamiento, de aprehender desde el cerebro del otro. Había que entender los sentimientos de esos otros, porque creían que la soledad se tragaba su capacidad de socialización.

Para ellos sus pensamientos eran semillas en el subconsciente, cosechadas en el cuerpo y en el entorno. Además, sin bienes materiales que ostentar o disfrutar echaban mano a la capacidad intelectual.

Frank había sido profesor de Historia del Arte, la tribu trataba de incorporarlo, de exprimirlo, de hacerlo uno en el clan, y así, desde la categoría, cada uno afirmarse en sí mismo. Debían tomar las riendas de sus vidas con los mismos conceptos, pero preñados de nuevo significado. Con todo lo que enriqueciera el pensamiento racional, mantuviera la capacidad innata de asombrarlos ante lo desconocido. El asombro da origen a la filosofía —sostenían.

—Reconocer nuestra ignorancia, despierta el deseo de saber, el apetito sagrado por el conocimiento. El del guerrero que muerde el corazón del valiente, el del místico que come la carne y la sangre de su dios. Con ese entusiasmo tenemos que vivir para fortalecernos en los fundamentos de nuestro exilio.

Gerardo calló unos instantes e hizo sonar unos monocordes islámicos en un piano viejo que había conseguido en la iglesia donde tocaba los domingos. Era su mejor manera de integrarse, aunque no renunciaba al placer de escucharse.

—Muchos suponen que esta música fue creada por los gitanos. La referencia en "La Gitanilla", hecha por Cervantes en 1613, de una gitana bailando puede tener su remoto origen musical en los cantos monocordes islámicos. Aunque otros atribuyen su concepción a un pueblo gitano proveniente de la India y llegado en época de Alfonso V.

»Provenían del norte de Egipto o del Peloponeso, un grupo de treinta personas que se decía perseguido, obligado a vagar por el mundo. Al principio fueron bien recibidos, pero el carácter oscuro de sus orígenes, el misterio de sus costumbres, la incertidumbre que esparcían allí donde acampaban no fue bien aceptada por la sociedad medieval.

»Llegaron a Andalucía en el 1465, con las salmodias de la cultura judía, los cantos musul-

La isla de los peces muertos

manes y las canciones populares mozárabes. Su canto no se acompañaba de guitarra ni baile. La zona era entre Cádiz, Jerez de la Frontera y Triana. Toda la información sobre los cantes fue oral hasta 1900. Según la teoría más popular la palabra flamenco viene del árabe y significa: campesino errante. El flamenco hay que situarlo en Andalucía, en su cultura, su economía y su geografía. Fue a lo largo de dos siglos que se consolidó hasta llegar al que apreciamos hoy, justamente por las quejas y lamentos del errante, que también somos nosotros.

Falla y Lorca querían traspolar la música como vehículo de conciencia, no pensaban en el género artístico. Y Amalia, que en su escuela había enseñado lo español en Falla y Lorca, dio un salto y se puso a declamar:

Verde que te quiero verde
verde viento, verdes ramas.
El caballo en la montaña
y el barco sobre la mar.

Aplaudieron el lamento que impone lo irracional frente a lo humanamente lógico; los aplausos fueron el quejido lastimoso de los judíos sefardíes exiliados. Expresión del celo conque defendió Lorca al marginado, al espoliado, al despojado de identidad. Celo que tenía muchas raíces en su condición de homosexual en una sociedad marcada por el machismo de los hebreos, de los cristianos y de la misma españolidad.

Amalia saltó como poseída: ¡Se siente la pena contenida del cante hondo, penetra por el corazón, remueve los rincones sufridos!

Apareció la pena de todos en la evocación angustiosa y triste que sacó a Gerardo de su mutismo: Cuando se siente el grito de los cantores, viaja por el aire una sensación de muerte. Expresión de dolor, lamento de la gente perdida, tela de araña para atrapar suspiros.

»Falla integra en la *Fantasía Baética* los tres componentes musicales del flamenco —cante, baile y toque—, y las sonoridades particulares de estas tradiciones dentro de las posibilidades técnicas y tímbricas del piano. La fantasía se adentra en la sonoridad y también en el estilo improvisador del toque flamenco.

4

Amalia vivía sola en un apartamento de La Pequeña Habana donde se reunía frecuentemente con amigos recién llegados al exilio. Tenía un primo con el que había crecido en la finca donde ambos nacieron y que le había ayudado a encontrar ese lugarcito. Él había venido hacía muchos años, pero nunca habían dejado de cartearse.

A pesar de tener otros familiares cercanos, solo él la esperaba a su llegada a Miami, y, desde ese día, aunque vivían en diferentes estados, se contaban todas las cosas igual que cuando niños.

Gracias a una oportuna maestría en administración de negocios a él le había ido muy bien económicamente. Se había convertido en un hombre alto y fuerte, de pelo negro y espeso. Bien parecido, simpático a pesar de la mirada inquisidora e incómoda. Amalia conocía bien esa expresión de sus ojos; así miraba a la madrastra, sin la menor dosis de empatía; pero ellos se entendieron desde el primer momento y solo de mirarse.

Ahora a dos meses para fin de año, Antonio la llamó para invitarla a esperar el nuevo en España, en el Rincón de la Morería. El espectáculo de flamenco dirigido por Blanca del Rey presentaba a Adrián Sánchez, entre otros grandes bailaores.

—Ahora mismo vengo de una reunión con mis coterráneos donde hablamos del flamenco como género artístico. No podrás creer lo que me ha impresionado tu invitación porque parece que lo oíste todo.

Le dijo que no sabía si podría acompañarlo pero que sonaba mágico. Pasó la noche pensando en el viaje y supo que tenía ganas de escuchar un flamenco con todos los hierros. La excitación no la dejó dormir. ¿Cómo subir a un avión con el miedo que le tenía a la altura, con el pánico a que se alterara su hipertensión? Sin contar la claustrofobia nacida de sus problemas con el sentido de la existencia, de esa búsqueda constante de alguien a quien contarle emociones y trastornos.

Me gusta la idea de pasar unos días con Antonio, reflexionó, pero no quiero que se rompa la imagen que guarda de mí. Él no conoce esta tristeza que padezco, esta soledad, este rechazo de toda compañía. Va a olfatear mi inseguridad, sin poder identificar el antes y el después, cuando estábamos siempre juntos y yo le contaba que mis padres hacía dos semanas que no se hablaban, se habían peleado y parecía cada vez que no habría reconciliación. Soy una bacteria que contagia y resulta extremadamente dañina, así son las personas de emociones negativas, contagian más que los virus y las bacterias. Prefiero estar sola, aunque muera de pánico. Sola, yo que fui siempre una enredadera asfixiando al tronco vecino, escribiendo cartas que yo misma contestaba. Esto no se lo cuento. Me muero de vergüenza, pero así pasé muchos años de correspondencia enfermiza hasta que llegó el conferencista y le puso cuño a esas cartas mías. Pecado que pago diariamente. Ya sé, estoy mal conectada, dislocada, disfuncionalizada.

¿Cómo estará él? ¿Aún odiará a la madrastra? El padre era ganadero y además caballista, asistía a las competencias equinas, recuerdo que entre los potros había una yegua horrible, de color plomizo, y la bautizaron con el nombre de Almamula. Me contó la leyenda de esa yegua. Había sido una mujer incestuosa que no contenta con quitarle el marido a las otras tuvo, además, relaciones con el cura del pueblo, y nunca se arrepintió. En castigo se convirtió en un animal que vagaba en las noches por lo espeso de los montes y de día se asomaba a las ventanas. A su paso se desencadenaban tormentas y resonaban las pesadas cadenas de su pecaminosidad.

Amalia atesoraba recuerdos en un intento por ordenar su vida. Quería estudiar su mente, relacionarla con su conducta narcisista. Y se acordó de María Elena en el momento en que alertaba a Frank para que tuviera cuidado cuando demandaba demasiada atención. Sabía que podía enamorarse de su propia imagen a pesar de sentirse disminuida en otras ocasiones. Siempre con un estetoscopio en la mano para adorarse científicamente, para auscultarse todas sus acciones, asomarse a su reflejo, cegarse con su imagen, hundirse en las aguas turbias de su necesidad.

Me doy cuenta de que esta enfermedad me retrae de las cosas exteriores, volvió sobre sí. Le atribuyo a mi cuerpo un valor exclusivo, pienso que cada uno de mis síntomas tiene un valor simbólico, catastrófico. Se me convierte en histeria. Sufro en mi cuerpo lo que no puedo expresar. Esta angustia no me permite soñar ni fantasear, solo sufrir mental y corporalmente.

Perseguía constantemente la pulsión de Tanathos, pero en mi autocorrespondencia se erigía la pulsión de Eros en que lo biológico parecía someterse enteramente a lo psíquico. Como vivía analizándome, cualquiera pensaría que estaba enamorada de mí misma y ni caso me hacían, por eso me había vuelto hipocondriaca, o ya era hipocondriaca y por ello me autoanalizaba, vaya usted a saber, cosa del huevo y la gallina. De todos modos yo necesitaba conocer por qué almacenaba y recordaba. Y necesitaba que mis sentimientos estuvieran en función de mejorar y de entenderme y que no fuera mi mente una caja negra inaccesible. Lo que busco es la percepción evaluativa de mí misma. Busco confiar en una supuesta capacidad para resolver mis problemas, en una convicción que me permita no temer a los fracasos. No quiero mirarme en el espejo de nadie ni preocuparme por lo que haya ocurrido en el pasado, ni por lo que pueda ocurrir en el futuro, no quiero sobresaltarme porque algo malo pueda venirme encima como consecuencia de los pecados atribuidos por la religión que me fue impuesta en la niñez. Quiero aceptarme en mis diferentes pensamientos y pulsiones y no exagerar mis errores. Necesito quererme y admirarme en cualquier espejo y eso no es narcisismo, como cree María Elena.

El placer y el dolor son transitorios; pero forman parte de la existencia humana. No se pueden evaluar las enfermedades síquicas con esa ligereza, porque el solo hecho de que todo sea inestable ya es razón de sufrimiento. No puedo estar contenta con la invitación de Antonio, pues no sé cuál va a ser mi condición para fin de año.

¿Cómo escapar de la enfermedad y de la muerte? Será que el destierro engendra voluntades egoístas, que se adhiere y enreda lo que teníamos, y ese es el origen de nuestro sufrimiento; pero es evidente que no estamos buscando la libertad, alimentamos el ego y aparece todo lo que dejamos o lo que nos inventamos en una enredadera sedienta. El apego nos hipoteca y constantemente demandamos seguridad. Vivo en una servidumbre que no me deja disfrutar del hecho simple de estar viva, y quisiera liberarme de la malsana pasión que tengo de mí, aun cuando necesito el descubrimiento de mi propia naturaleza. ¿Qué me separa de mí? He ahí la cuestión. To be or not to be.

5

Amanecía. Amalia recordaba su infancia y sentía la necesidad de extender la invitación a sus coterráneos. Se emocionaba pensando en el viaje a España. Era un proyecto increíble para un grupo con recursos económicos tan limitados, pero estaba a su favor el apartamento que Antonio iba a alquilar en Madrid donde cabían todos. Quería conocer, investigar, disfrutar, porque el tiempo se le escurría entre las manos como al pobre Quevedo. No era polvo enamorado, como aquel escribiera, ella era polvo desolado.

Así somos todos los que salimos, los que nos vimos obligados a salir, a huir con la eterna queja del cante hondo. La angustia del peregrino nos coloca frente a la existencia. El tiempo nos separa poco a poco de lo que fuimos, nos separa de nosotros mismos y de nuestra esencia. Necesitamos participar para ser lo que queremos, incluso como extranjeros. Quisiera dejar de pensarme, dejar de pensar en mi propia historia y dar importancia a los demás, a la historia de los demás, a la Historia con mayúscula. Esto nos hace falta a todos. Me parece que la experiencia de Antonio nos puede ayudar.

Cuando Amalia llegó lo encontró tan bien, tan ecuánime, tan tranquilo que no pudo sustraerse a preguntarle cómo había podido alcanzar lo que veía.

—No ha sido suerte, he sufrido, pero no me compadecí, no me tuve lástima. Luché contra la angustia y la desesperanza. El solo hecho de haber salido de mi país no me hizo libre, necesitaba dignidad y encontrar el verdadero significado de la vida.

»La memoria no me daba consuelo, sino desesperación. Cuando me sentí libre comencé a trabajar.

—¿No recuerdas aquellos caballos hermosos que tenía tu padre? Siempre pensé que estábamos configurados en un mismo marco emocional, unidos por la manera que teníamos ambos de querer al padre que las mujeres perseguían. ¡Cuántas veces he hecho responsable de mis obsesiones y neurosis, de mis trastornos del alma, a aquellos mis celos infantiles!

»¿Olvidaste las leyendas que te contaba tu mamá, aquella de los caballos blancos que tú me repetías cuando tu padre trasladaba los caballos de un potrero a otro potrero?

La isla de los peces muertos

»Yo fui una atormentada de esos males y también odié a la yegua maldita, pero había unos caballos blancos que tú querías, en uno de ellos montaba San Jorge, al menos eso decía tu madre; seguramente para que confiaras en la protección del santo. Ante el peligro podía aparecer con alas como un Pegaso. Ella pretendía que San Jorge te reconciliara con tus pensamientos.

»Sentí la separación de mi padre como una pérdida absoluta, como un sentimiento obsesivo de abandono. Me quitaron lo que era mío y mi conducta refleja esa carencia, de ahí mis demandas inapropiadas y, cuando estas no son satisfechas, mi inseguridad emocional.

No confío en mi capacidad, se dijo para sí. Me da miedo sentirme feliz, temo esas circunstancias efímeras, temporales. La inseguridad me hace tímida en mi aislamiento social y narcisista ante los ojos ajenos; pero es solo una conducta compensatoria para proteger mi autoimagen. Sobre todo para cuidar mi mente.

6

Amalia decidió su viaje a Madrid con el fin de construirse un refugio frente a la amenaza externa. Cuando se reunieron para saber las condiciones que cada uno tenía para realizar el viaje estallaron en risas porque se vieron como aquellos jóvenes que huyeron de la peste en Florencia para refugiarse en la campiña Toscana y, en medio de la naturaleza, definían su personalidad recreando los relatos de sus vidas. Pasaban el tiempo entretenidos, con la diferencia de que aquellos no tenían que trabajar.

—Eran jóvenes burgueses —dijo María Elena—, pero al fin y al cabo el tema era el mismo: la identidad. Un argumento recurrente ante el nuevo entorno: desenvolverse de manera que no quedara menoscabada su cultura en la búsqueda de su propia esencia y era eso precisamente lo que los hacía diferentes. Categorías, normas, valores, etiquetas de recién llegados.

»Si la cultura ejerce una influencia total sobre el individuo y su idiosincrasia, entonces podemos entender que la identidad sea cuestionada y pueda incluirse en una categoría negativa. Eso implica revalidar los conocimientos anteriores al momento en que escapamos de la peste; perder la personalidad anterior nos hace insistir y justificar día a día la propia certidumbre. Ahí surgen los temores existenciales; la mirada vuelta hacia la patria y la familia: paisaje conocido, seguro, donde aplomar los pies.

Amalia se lo atribuía todo a Frank, pero sabía que también su personalidad había crecido trastornada y sobre todo su necesidad de dependencia, por esa razón removía sus recuerdos y se agarraba al primo. Se consideraba inepta, de muy escaso atractivo personal, no solo porque temiera llegar a vieja esperando el cambio en su país, sino por una hipersensibilidad debida a la evaluación negativa de su adolescencia. Evitaba la interacción social por temor a ser ridiculizada o humillada, creía que todos la habían conocido a fondo en el pueblo. Eran escenas de hipervigilancia que rememoraban acontecimientos traumáticos. Recordaba la represión involuntaria de sus orgasmos. En algún momento había hablado sobre ello con la psicóloga del grupo.

Según María Elena, cuando Frank pudo inquirir sobre su entorno se dio cuenta de que se parecía mucho a su padrastro, era rubio y de ojos azules como él, mientras la madre era trigueña y

La isla de los peces muertos

su hermana mayor la viva estampa del padre, muerto cuando él era un recién nacido. No se atrevía a preguntar nada porque aún no poseía el discernimiento de la razón para entender aquella inconsistencia. Además, intuía una verdad secreta a medida que aprendía a conocerse: el padre de su hermana era zapatero y el de él poeta. Así comenzó una vida esclavizada por el ansia de conocer lo que no podía ni siquiera preguntar. ¿Acaso a él no le gustaba también escribir versos?

Sin embargo, la verdad no es idéntica a la realidad, y quedó siempre con sus velos, a eso precisamente atribuyó su ansiedad de percibir desde lo aparencial e ilusorio.

7

Según el músico no es casual este viaje al Guadalquivir en busca de los inicios del flamenco, justo cuando María Elena habla sobre la confusión de Frank acerca de su padre biológico. En sus mentes flotaba el trauma de identidad que sufrió Wagner cuando se creyó judío.

—Mejor, dijo María Elena, ni comentarlo porque Frank se va a refugiar en la élite intelectual a la cual siente que pertenece.

—En verdad, volvió a la carga Gerardo, Wagner resume el mundo alemán e hizo sentir en su Parsifal que amaba intensamente la vida, allí mostró su dimensión humana y en su orquestación el amor a la altura de los astros. Wagner se dedicó a despertar el espíritu artístico y sensible de los demás, fue siempre un espíritu libre, a pesar de su confusión identitaria.

»Nació en 1813, hijo de un modesto policía que vivía en la judería de Lepzig, fue el noveno de los hijos del señor Wagner que murió de Tifus seis meses después de su nacimiento. La madre de inmediato convivió con el actor y dramaturgo Ludwig Geyer, que había sido amigo de su padre. En los primeros catorce años Wagner fue conocido con el apellido de su padrastro. Lo llamaban Richard Geyer. Ocho años más tarde murió también Geyer, pero él llevó su apellido seis años más.

»Wagner sospechó que realmente su padre biológico era Geyer y además tenía la duda de si su verdadero padre era judío. La pasión por el teatro fue compartida por su hijastro.

La densidad del silencio fue rota nuevamente: La Europa de 1848 estuvo marcada por el ardor revolucionario y Wagner pensaba que del viejo mundo surgiría la cultura artística que fraguaría una comunidad elevada; su arte, a través de sus mitos, sus sagas y su música sería el conducto ideal. Elementos hermanos que podían recomponer el espíritu. Sintió una misión sagrada sobre sus espaldas: revitalizar la vida alemana a través de sus dramas musicales.

Así se desarrollaban las reuniones, pensaban que habían traído la academia debajo del brazo como fuente de poder y de riqueza, un agente fortalecedor de la personalidad. Formaban un vanidoso mundillo de intelectualidad.

Continuaba el músico: En los dramas musicales, mítico-poéticos, Wagner veía la posibilidad de que el pueblo alemán encontrara su verdadera identidad espiritual y su gran potencial. De algún modo su infancia contribuyó a la formación de su espíritu atormentado, espíritu que batallaba contra un mundo que pretendía sanar. Tenía fuertes afinidades con personajes como Tristán e Isolda y fue un ejemplo de desafío, de liberación, en sus convicciones artísticas y sociales.

—¡Qué maravilloso! —Amalia interrumpió al músico que se perdía en digresiones, y cerró los ojos para recordar al *Parsifal*, donde aparecen las lastimaduras del amor adúltero, pero inolvidable, de Wagner.

—Escribió un arte de la historia para que su amante supiera cuáles eran sus verdaderos sentimientos. A lo largo de toda la ópera aparece el enigma en el cual la música se une al dolor. ¡Ay, el día de todos los dolores, y sin embargo todo lo que nace, respira y vive, no debería ser causa de lamentos ni lágrimas!

»El tema de Wagner no fue la muerte de Dios; en la fusión de música y filosofía está la resurrección de la naturaleza, principal conflicto de *Parsifal*. Las lágrimas de arrepentimiento son gotas de rocío en que despiertan las criaturas después del invierno. Tenía la esperanza de que todo el universo quedara libre de las cadenas de la moralidad. Por eso, mostraba el gozo de la naturaleza, el sonido de pájaros que cantan a la humanidad y la liberan del pecado de haber nacido. En carta a Mathilde, Wagner escribió sobre el grial, cáliz de la última cena: sangre de la misma herida de un apasionado romance, herida incurable que representa la vulnerabilidad del sexo y el estigma de su misión ante la ferocidad del deseo. El misticismo y la música se funden en la infinita melodía de la tragedia del deseo. Inmenso vacío. Él era el Tristán del centro de su drama, era la encarnación de la voluntad de vivir. Solamente podía identificarse con alguien capaz de sufrir tanto como él. De morir porque no muere, como los místicos españoles. Gritos del cisne herido. Exaltación de individuo por encima de todas las normas de la moral establecida. ¡La herida es la revelación! ¡Le arrancan de los brazos de la mujer que desea! Lleva el tormento del deseo y del amor. Se necesita mucho coraje para evadir la autorrenuncia. La evolución de *Parsifal* arrastró por más de treinta años todas sus experiencias, tanto de su vida privada como profesional, y las aspiraciones que ni su vida ni su obra pudieron satisfacer. El tema de la obra es la idea cristiana de la compasión.

  Luis Ramón escuchaba, evaluaba los conocimientos de los demás. Los que fueron profesores traen en el corazón a sus alumnos.

  —Ustedes olvidan que la relación entre Tristán e Isolda fue inspirada por su aventura con

Mathilde, la mujer de quien tanto se enamoró. Le dieron albergue en la magnífica residencia del matrimonio y pagó enamorándose de Mathilde.

Amalia le salió al paso recomendándole leer la filosofía de Schopenhauer, con la que tanto se identificó Wagner.

—No te olvides que estaba casado con Minna Planer, acentuó Luis Ramón.

—Sí, contestó Amalia, pero Wagner tenía la voluntad de vivir, el dolor salvaje del amor como voz de la naturaleza.

Amalia sorprendió por su vehemencia: Él se enamoró apasionadamente de Mathilde y por eso volcó su drama en esa obra. Y tan segura estuvo ella del sentimiento o la atracción de él que escribió: «Wagner me abandonó, sin embargo: ¡Yo soy Isolda!»

Amalia desvariaba entre unas frases y otras de una carta de amor que escribió Wagner para Mathilde: «¡No te arrepientas nunca de aquellas caricias conque embelleciste mi pobre vida!» No se sentía culpable: «Ahora estoy ennoblecido, fui liberado del mundo, cada pulgada de mi cuerpo es ahora libre y noble».

Volvió a respirar a plenitud como en aquella noche de magia divina que recogió en su corazón cuando satisfecha volvió a ver la luz en el lecho de la arena. Percibió la claridad a golpe de recuerdos. Todos callaron. Todos conocían su secreto: espesa poesía que el tiempo no lograba diluir.

Gerardo, el músico, y el que más conocía a Wagner continuó: Estuvo veinticinco años dedicado a las cuatro óperas de *El anillo del nibelungo* y luego se acercó al cristianismo y apareció entonces su última creación: *Parsifal*.

»Esta fue una exhaustiva investigación acerca de la fe y el misticismo, le apasionaba investigar a través del arte el instinto inconsciente que guía a un hombre hacia una mujer.

»Entender las dos partes de un animal vivo cuando trata de unirse, como se compenetran al contacto de sus cuerpos; y Wagner vio a Eros dueño de los hombres, poniendo en ellos alas inconstantes en la desilusión que acompaña al deseo satisfecho, vio el amor desvaneciéndose al volver a la libertad y se percató de que las aves dejaban de cantar cuando estaban puestos los huevos en el nido.

El músico sacó de su bolsillo un papel: Hoy leí en el periódico sobre la relación compleja de amor y odio a propósito de los 200 años del nacimiento de Richard Wagner.

»El autor de *Tristán e Isolda* y de una docena más de óperas monumentales sigue siendo un án-

La isla de los peces muertos

gel caído, un ídolo reverenciado en un solo ser humano. Según Bernard Shaw, el hechizo de su grandeza lo dejaba indefenso y lo obligaba a deshacerse en elogios y éxtasis de atónita admiración. Para Tomás Mann el arte de Wagner constituye la descripción y crítica más sensacional de la mentalidad alemana y su obra uno de los fenómenos más problemáticos, ambiguos y fascinantes del mundo de la creación artística. Al conocer de su muerte, Verdi habló de la poderosa huella que deja en la historia del arte. Ese valor artístico y espiritual de Wagner, permanente en el tiempo y extendido universalmente, no podría en modo alguno medirse por la cantidad de amor o de odio a su persona, al compositor, dramaturgo, creador de teorías estéticas, polémico ideólogo, en fin el ser humano que fue como suma de su naturaleza y su circunstancia.

8

Amalia regresó al apartamento reconciliada consigo misma, había pasado una tarde agradable. La fuerza de su imaginación descubría la pasión de Wagner en el abrazo a su pasado. Se escapaba su recuerdo y jugaba con la magia del tiempo como un paraíso de visiones en la orgásmica noche que abriera para ella las ventanas del cielo.

He dejado atrás, reconoció, mucho camino; sin embargo, no he marcado mucho en ese trayecto. Pienso que nunca le gusté a alguien ni siquiera a mi familia. Hija de un matrimonio divorciado, no era igual a mis primos pues la casa de ellos no estaba dividida; además, me había quedado con mi madre, quien pertenecía a una religión que prohibía pensar y actuar de manera personal. Desde el púlpito de una iglesia dictaron mi educación. Ella aceptaba todas las imposiciones ideológicas y me metió en el cuerpo el miedo al castigo. Apenas hablaba en la escuela, tampoco lo hacían conmigo, vivía aislada. Me bastaba para sentirme desdichada estar siempre sola, ver la miseria de sentirme inferior y fea porque ningún muchacho del aula me tomaba en cuenta. De esos estados anímicos se componían mis emociones. La baja autoestima determinaba mi percepción. Entonces iniciaba mi correspondencia con aquel que más me gustara en el aula. Como no me atrevía ni a mirarlo, él no se enteraba nunca de las cartas que me escribía.

Este recuerdo es como una luz sobre la realidad de mi pasado. Así quizás fue todo. Más allá de la apariencia de las cosas, guardo imágenes que me ayudan a ordenar la vida. Inconscientemente acusaba a los demás de mi frustración. Carencia afectiva que he querido siempre cobrar. Envidio talentos ajenos. He vivido comparándome con los demás y siempre estoy por debajo, además, nunca tuve comunicación con nadie a no ser con María Elena, la única que se acercaba a mí y me contaba todo lo que hacían las muchachas honorables del pueblo.

9

En la reunión habían profundizado sobre la filosofía de Schopenhauer y en la pasión que despertó en Wagner para componer su *Tristán*. Se necesitaba mucha atracción por Mathilde para exaltar el mito en que los enamorados están dispuestos a beber un filtro de muerte. Tristán e Isolda prefieren abandonar la vida antes que enfrentarse a las convenciones sociales. Enamorarme —pensaba Amalia— fue sufrir; sin embargo, viví cuando menos una noche. Es frustrante luchar por la existencia cuando solo falta morirse de verdad.

Esa actitud de renuncia quizás no es un suicidio, ellos amaron la vida, pero no como se les ofrecía. Yo quise una noche y sufrí después las cadenas del pecado, sintiendo que solo me quedaba la muerte, tan cierta como absurda mi existencia. Sin embargo, el artista no creo que negara la voluntad de vivir. Sintió la aspiración a la vida de su pueblo, además no negó la voluntad de disfrutar una pasión que, lejos de pecaminosa, puede ser sublime... o acaso vivir un espejismo en la trampa del sexo.

En *Tristán* alcanza la ópera la fuerza irracional de la pasión, el deseo eterno que se rompe y renace. Fuerza ciega de expresión devastadora. Sin embargo, Wagner, en la búsqueda de su pensamiento, no creó en Tristán su alter ego, sino que buscó vida en los conflictos humanos. Quiso encontrar la verdad sin limitar el pensamiento, entender que no se puede vivir sin sufrir, comprender que esta es una misteriosa e irreconciliable actitud. Todas las condiciones en que se expresa la fuerza instintiva se desprende de una voluntad ciega ajena al pensamiento.

Existe otro elemento: es el espíritu que guía la voluntad por medio de la inteligencia. En el proceso de la composición descubrió Wagner la voluntad, la energía, el esfuerzo de su yo. La producción intelectual de Wagner debe su ser a la intensidad, la actitud de su razón, de su misticismo, su objetivación superior y la poesía del corazón. Su naturaleza genética impone su voluntad entre la necesidad orgánica, sus deseos y su espiritualidad.

De la vida de Wagner, el drama no se aparta nunca. Sintió el peso de la culpa cuando tuvo conciencia de sus instintos, estaba enamorado de la mujer de un amigo que le había ofrecido ¡hasta su hogar! Sin embargo, recordó al filósofo y creyó comprender lo que sentía: la voluntad de vivir, el amor. Ese instinto es voluntad cuando se dirige a un individuo que despierta la admiración, la necesidad del goce físico que exige la posesión. No basta el sentimiento recíproco; la certidumbre de ser amado, no consuela. Las miradas preñadas de deseo que expresan la fuerza que atrae a dos individuos revelan la voluntad de vivir. Así lo percibió Reynaldo Arenas cuando fue ignorado en un baño público. Solo contenta la satisfacción física.

Esta pasión es capaz de crecer y desarrollar una potencia que arriesga hasta la vida por el deseo. Se sumergen todas las raíces en el instinto del sexo y se rompen las relaciones más preciosas. Así sentiría Wagner al enamorarse de Mathilde y no poder cumplir con el ideal de la amistad, con el compromiso contraído con su amigo; porque la razón no determina el pensamiento, porque sentir arrastra el pensar y no basta pensar y razonar. Hay un goce físico que es como un fuego al que hay que extinguir. Puede esto llegar a ser angustia y agonía. Pero es la naturaleza quien define la voluntad del hombre. Esa naturaleza que arrastró a Martí hacia Carmen Miyares, al David bíblico hasta el asesinato.

10

Fueron estas las conclusiones a las que llegó Amalia en la madrugada de su reflexión. Pensamientos de la infelicidad nacidos de sus inhibiciones.

Ningún proyecto la estimulaba por muchos días, como si no tuviera derecho a ser feliz. Tropezaba con su tiempo a cada instante y el narcisismo le exacerbaba una libido dirigida hacia ella misma. El recuerdo se le hacía razón. Era superior a la emoción y a la voluntad, no podía definir sus cualidades morales, porque ya las había racionalizado el pastor al sorprenderla frente al mar.

¿Qué es bueno o qué es malo moralmente? ¿Por qué podía él condenarme? ¿Cómo podía definir y establecer el castigo por los peces muertos en la orilla? ¿Fue manipulación emocional, un chantaje, o realmente merecía este victimismo emocional que me ha hecho sentir la queja y me lacera el alma?

Exhibo mis desgracias, y cuando no alcanzo el objetivo me desespero y no lucho por cambiar las cosas, a todos les describo mis desdichas. ¡Caramba! Quizás yo hago todo esto con tal de ser el centro de atención; aunque sea por compasión. Cualquier ofensa la exagero para sentirme discriminada. Así es la atención y la observación que derramo sobre mí misma, asomándome constantemente al estanque turbio de mi autoestima.

Contaba con una etapa intensa en el proceso de sexualidad, ya se maduraba la aparición de mi erotismo y lo que más quería era enriquecer ese conocimiento. La motivación sexual constituía para mí un repertorio personal de estímulos eróticos experimentados en una mirada detenida por un deseo mimético de poseer el ser, el ser que brilla con intensidad desde dentro, allá donde palpita mi propia naturaleza. Y fue exactamente eso lo que sucedió con el conferencista que visitó el pueblo para dar un reavivamiento a los miembros de la iglesia.

El joven hablaba y al hacerlo irradiaba, movía, despertaba los mecanismos del deseo. Percibía su erotismo frente a mi represión y me daba cuenta de que transgredía las normas, porque era casado y su esposa estaba sentada en la primera fila; sin embargo, mi fantasía era una fuente de riqueza que alimentaba la búsqueda sexual.

He oído decir que las personas introvertidas presentan una mayor excitabilidad cortical, no necesitan de experiencias fuertes para alcanzar el

La isla de los peces muertos

clímax, y yo no podía apartar mi atención del estremecimiento que me producía este ministro del evangelio. Acostumbrada a sentirme pecadora, percibí desarrollada toda la base energética de mi deseo. Creí que lo mejor sería no asistir a una conferencia más, pero a la vez me sentía conectada a una misteriosa corriente de naturaleza trascendente; algo que no era amor, sino el lamento de la naturaleza.

La voluntad se elevaba y se diluía por encima de ella como las notas wagnerianas. Amalia, a esa hora de la madrugada, buscó el papel que le había dado el músico para que analizara la pasión de Wagner.

«Wagner fue a vivir a Zurich en una espléndida residencia propiedad del banquero Wesendonck, su gran admirador. Estaba casado con Minna, su primera esposa, y aquel con Mathilde. Le ofrecieron la casa de invitados junto al palacio. Wagner vio a la mujer de su hospitalario amigo y se enamoró desde aquel momento. Escribía *El anillo del nibelungo*, sin embargo, al enamorarse su mente derivó a la composición de lo que sería su obra maestra *Tristán e Isolda*. Volcó la pasión de los dos en una escena en que ambos eran los protagonistas. Una escena en la que llegan al orgasmo en el éxtasis total de una música que asciende de tal manera que los músicos quedan conmocionados ante las ventanas del cielo».

¿Qué significa la música para mí?, se preguntó Amalia y cerró los ojos. Era un enorme apetito por vivir, una fuerte exaltación de la facultad sensorial del cerebro aunque le falte la excitación física, era exceso de intensidad existencial.

No hay más conciencia de una misma que la propia voluntad, se dijo. Es el regreso hacia la interioridad para captar el carácter de las cosas voluntariamente deseadas y aun de aquellas que no lo son. Los sueños confirman la existencia de un segundo en que solo escuchas el grito de tu voluntad angustiada. Así entras en el mundo del sonido.

La conciencia es la única que nos capacita para captar, apresar, apoderarnos de nuestra exuberante naturaleza, de nuestra pasión infinita; por eso Wagner trasmite el lamento que surge de mis profundidades y sin ningún razonamiento surge la alegría y el lamento. El grito para no parecer loca y compensar la angustia.

Antes comentaba con el que aceptara escucharme todo el pánico que sentía, pero me di cuenta de que la gente se apartaba de mí para no oír mis obsesiones. Solamente me quedaba Gerardo, el músico que me ayudaba a buscar soluciones cuando me veía dando vueltas en un círculo de negación, cuando el sentimiento de culpa me arrastraba cada día a la catástrofe y la ansiedad degeneraba mi conducta.

11

Acababa de levantarme cuando Gerardo tocó a la puerta. Era su día libre y venía a pasarlo conmigo.

—Te vi ensimismada y, a la vez, entusiasmada cuando analizamos a Wagner y quiero que hablemos.

Amalia no pudo escaparse de lo que más necesitaba: sobrestimularse a través de la queja.

—Si hubiera sabido delimitar, ordenar las emociones, mis sentimientos hubieran sido protagonistas de mi propia vida y no fuera la actriz secundaria de una obra que escogió el pastor. Quizás si el protagonista fuera el mar se hubiera sabido organizar la noche; pero los actores principales, los inolvidables, fueron los peces muertos. Y las palabras que se han quedado golpeando mis oídos: «¡Ya sabes lo que has hecho! Te perseguirán siempre la enfermedad y la muerte. Te perseguirá siempre esta noche. La noche en que la maldición cayó sobre ti y sobre la inocencia de los peces. El pez era un símbolo cristiano.

Si alguien dibujaba unas líneas en la arena y otro completaba la figura, ambos se reconocían cristianos. Los peces son fuente de alimento espiritual y tú de la enfermedad y la muerte, del pecado».

»Sin embargo, cuando recordaba las palabras del pastor algo centellaba en mi interior, bendito alimento, y volvía mi carne a demandar más allá de sus brazos y sentía el rocío refrescando la noche. ¡Tanto me elevó que me sentí estrella, lejana, intocable y pura! El ruido de las aguas rompió la última sombra del paisaje y, como un Dios, abrió la ventana para que me asomara, y gozara su energía suprema. ¿Cómo dentro de aquel éxtasis de la naturaleza pudieron aparecer en la arena los peces muertos?

Y Amalia que había orientado toda su vida a dar conciencia real a sus abstracciones no perdía la oportunidad de trasmitir esa fuerza íntima, oculta, siempre activa.

12

Siempre soy la víctima, víctima de la situación, de ahí esta constante queja, aunque no sea en alta voz, aunque solo sea en la constante expresión de fastidio que hay en mi rostro. Esta convicción me deja inmóvil y me roba energía, desde aquella noche no he hecho en mi vida algo que no sea valorar mis sentimientos, mi rabia, mi odio por el pastor. Siempre ostentando aquello que me hace víctima para buscar la comprensión de los demás. Frank dice que yo he hecho del victimismo una filosofía de vida. Si mi niñez hubiera sido otra, no reaccionaría de este modo.

El murmullo del río, del bosque, de lo oscuro es la expresión más legítima de la felicidad. La música bebe de ese murmurar y construye un mundo, una esencia; en cambio, las otras artes requieren del entendimiento, del conocimiento, de la reflexión, del verbo en la contemplación. Es la esencia de las cosas exteriores que no se eleva por encima de las limitaciones. En la música, la voluntad deja tras sí toda individualidad para anclar en el estado de éxtasis. Es un proceso que no hay que imaginar porque se proclama sonoramente dentro del alma. Ese mundo se niega a toda descripción.

—Fueron redes de sonidos las que me atraparon, gotas de rocío las que empapaban mi percepción en la magia de lo divino, ventanas del cielo —Amalia regresó a la realidad—. Por eso es balsámico el rasgueo de tu guitarra, el impulso de tus manos, la expresión que dominas al transmitir la visión de mis sueños más íntimos, representaciones propias de mi recuerdo.

Gerardo la siguió en sus pensamientos más que en sus palabras: Para ti la música es la imagen que contemplas en tu somnolencia; la que abre paso a la luz interna de aquella noche en que paladeaste ese significado interior que guardas, y veo que la pasión del músico es tu misma pasión, tus nubes de tormentas, tu naturaleza entera.

—Perdona, Gerardo, esta frustración, este padecer que me hace abusar hasta de ti, que, desde las antenas de nuestra afinidad, te preocupas por mi interior y por lo que percibo. Es que quisiera mostrarte todo lo que guardo, todo lo que hay en mí.

»Yo no sé manejar mis emociones y eso me impide crear relaciones duraderas en mi entorno. Enseguida exijo gente hecha de una sola pieza.

La isla de los peces muertos

Pienso mal de cualquier frase, creo que todo va dirigido a mí. Sin embargo, lucho para fortalecer mi comportamiento y trato de huir para no enfrentar lo que me desagrada. Cambiar de ambiente se me hace una obsesión, estoy acostumbrada a reprimirme, a esconderme, a bucear en lo difícil. Fíjate en cómo me gusta lo que Schopenhauer aplica a los músicos, esa sabiduría de un lenguaje que la razón no puede entender.

»Wagner piensa en el genio de la especie cuando siente una gran pasión por la esposa de su amigo y quiere, a través de su arte, liberar la culpabilidad de su amor, autojustificándose con la ayuda de un instinto, un deseo nunca satisfecho, una fuerza irreflexiva, que Schopenhauer ha hecho sublime.

»La belleza libera la emoción desinteresada del hombre, su compasión, su afán de huir, y por ese camino lo pecaminoso se disuelve en lo sublime, ese sublime encuentro y desencuentro de violín y violoncelo en *Tristán e Isolda*. El romance se corporiza, se encarna, alcanza una epifanía en que Tristán se reconcilia con su alma. Justamente lo que perseguía Wagner. Según el filósofo, ese sentimiento de pareja es cosa emotiva, egoísta, a quien no importa lo que deba sacrificar.

—Ese sentimiento de posesión en Wagner es una manifestación de arte divino y humano, interrumpió Gerardo. Es Miguel Ángel colocando el dedo del hombre al alcance del dedo de Dios. El dedo pecador acogido por la compasión del todopoderoso.

Amalia recibió el reproche, temió su desprecio, y se quedó mirándolo hasta reencontrar un soplo afectivo en su mirada.

—Los peces se erigen en una prodigiosa fuerza que no puede ir contra las leyes de la naturaleza. La fuerza tuya y la fuerza mía, idénticas en esencia, se mueven de afuera hacia dentro, engendradas por la más profunda necesidad. Hondo grito del despertar en un mundo en que el genio de la especie obtiene un poder nuevo: produce en tu esencia la obra de arte más elevada. Relato devenido, música que tiene su lugar en la mente, cuando el sonido y la emoción se funden. Pura estampida del espíritu, del instinto, de la necesidad humana que alcanza expresión en el sueño de una noche en la arena.

—¿Por qué sabes eso?, le preguntó Amalia, aterrada.

—Porque lo trasluces en todas tus expresiones, y, aunque has querido retenerlo, ese recuerdo tuyo te lleva muy lejos, más allá de esa esfera en que pretendes ser ostra alejada de los ojos ajenos, más allá de esa máscara de víctima sociable que nos impones.

La isla de los peces muertos

—Es que he querido representar en la memoria un verdadero paraíso que permanece con vida en mi espíritu, por eso abuso cuando me toleran.

—¿Sabes dónde está él?

—Nunca lo volví a ver. Lo expulsaron de la asociación. Jamás oí hablar del conferencista después de entonces. Y como a mí me borraron de la iglesia, a nadie más le importó lo que yo hacía con mi vida. Por eso es que nunca ves a nadie de mi familia.

—¿Y el pastor?

—Increíblemente trató de verme y de hablar conmigo, pero me escapé siempre. De él logro escaparme, pero no de su maldición.

—Debiste de haber hablado con ese pastor presuntuoso y preguntarle por qué te pintó ese cuadro de peces muertos.

—Aquel espacio estaba dominado por la grandeza divina y la sublimidad.

—Debías haber pensado alguna vez qué hubiera sido si él hubiera ocupado el lugar del conferencista.

—No olvides, forcejeó Amalia, que la magia en lontananza muestra visiones paradisíacas si nos dejamos seducir.

—Te empeñas en buscar el tiempo feliz en aquella noche y haces de tu presente una nube oscura... el viento pasó por la luz de una ventana que se abrió para que te quemara el sol de tu libido. Detente y verás todo luminoso. El susto, la sorpresa y la sombra malévola del celoso dragón te han perseguido siempre.

Y Amalia percibió, ante la evidente erección, que la música ya era solo un pretexto. Un falsete al que su cuerpo húmedo respondía. Comprendió que debía cambiar el giro de la conversación.

—Siempre me ha hecho mucha falta relacionarme con los demás. Pero no los tengo cerca, posiblemente es culpa mía, por eso aprendí a relacionarme a solas conmigo. Mantengo frecuentes conversaciones con mi propia interioridad. Hago diálogos espontáneos, a veces estériles y otras fecundos.

»De ahí lo que me gusta del flamenco español. Ese canto hondo, ese canto en soledad se parece a mí.

—Bueno, ese diálogo interior puede ser destructivo; pero es sano si se produce sin reclamos inútiles ni lástimas; puede incluso ser iluminador ante la realidad. Yo tengo miedo, muchacha, de que el diálogo que establezcas contigo sea la repetición de lo que consideras tu problema y se te vuelva obsesiva repetición de recuerdos. No quisiera hablarte así porque no quiero que te inhibas conmigo, pero se pueden perder las valoraciones objetivas y caer en idealizaciones ingenuas.

—Gerardo, cuando hablas de valoraciones ingenuas me viene a la mente un incidente de hace muchos años. El pastor nos llevaba con frecuencia a la casa de la profesora de piano que nos impartía clases. Lo hacía para acompañarnos porque era de noche. Aunque éramos tres niñas, solamente a mí me sujetaba por el brazo, y me rozaba eróticamente. Eso lo puedo reconocer ahora, después de todo lo que has dicho. Yo pensé que era esa una manera segura de protegerme.

Se quedaron callados por un largo rato. Amalia aprovechó para hacer un café y ambos se recuperaron, hablaron entonces de las quejas de sus coterráneos, y de la próxima reunión, difícil porque los compatriotas formaban grupos según el tiempo que llevaran de exilio. Cada grupo tenía su ideología, su visión, su punto de mira; a Frank y a los suyos les había dado por la pérdida de una identidad que nunca tuvieron.

—Lo peor de todo es el victimismo en el que yo misma he caído; es una actitud cómoda, siempre que se presenta un obstáculo me digo que no cuento con los recursos suficientes y empiezo a quejarme; claro que no me gusta asumir responsabilidades, más bien, no me creo capaz.

—Ahorita decías que dialogabas contigo misma. Pero hay que temer a la calidad de esa conversación interior; si no te va a dar luz para interpretar la realidad, tu mundo interior se verá empobrecido.

Gerardo se repetía y la conversación derivó hacia las levedades de la cotidianidad.

13

Todo diálogo es obsesiva añoranza. En Frank las quejas pueden convertirse en fuente de problemas porque estructura las cosas con falsa expectativa. En su conversación el recuerdo teje una tela de araña en que se enredan los suspiros y se individualiza el fracaso moral de la nación en ese ente imaginario que se ha construido. La constante del actuar humano ha sido la pretensión de vivir mejor. Y vivir mejor implica gozar de libertad de acción, de pensamiento, de movimiento. Ser libre es la aspiración humana por la que más se ha luchado a lo largo de la existencia del hombre en tanto culpamos a los demás de los logros que no conseguimos; pero, a veces, y a cambio, nos sentimos culpables de los problemas que nos llegan de fuera. Hay un discurso del presidente Obama que descalificaría en boca de un blanco. No hay excusas para los fracasos personales, dice. El victimismo negro no da razones para tener malas notas ni razones para faltar a clases o abandonar los estudios. ¡Basta de excusas! nadie ha escrito el destino por ti. Tu destino está en tus manos. ¡No hay excusas!

    Sin embargo, no se puede obviar la queja sin remontarse a sus orígenes. El discurso suena como necesidad de adentrarse en el drama real del hombre sobre la tierra, ese sentir la queja de Job cuando le pide razones a la divinidad. Aquello de María Zambrano con relación a que ningún ensueño ni delirio sobre el propio ser se explicaría si el hombre no fuera un pordiosero; un indigente que puede y sabe pedir. Solo los animales muy próximos al hombre piden, gritan; el hombre clama desde su necesidad largamente contenida. Todas las cosas son siervas mudas conforme a su aceptación o disentimiento. Son los que son en servidumbre y silencio. En el animal, a diferencia de la planta, aparece ya la necesidad de la queja, se quiebra la servidumbre perfecta del que soporta en silencio. El animal se queja ante su amo, el hombre, animal superior, ante Dios. Mas, solo el hombre se sabe pordiosero.

14

Wagner fue el poeta de su música y el músico de su poesía. Escribió versos de súbito resplandor a partir de los impulsos violentos y sublimes de su pasión. Cuando Hitler era joven usaba sus escasos recursos para asistir a la ópera; dicen que lo atrapaba la música de Wagner pues veía en aquellos personajes el espíritu germano y la esencia de su raza aria. *Tristán e Isolda* se contaba entre sus favoritas. Sintió una afición enfermiza por el artista, pero despreciaba la volubilidad risueña de Mozart y prohibió la música de Mendelson, dado su origen semita. Incongruencias, a lo mejor congruencias, del dictador de dictadores.

El régimen usó la música clásica como herramienta de propaganda para demostrar la superioridad cultural del pueblo alemán; otros utilizarán luego el deporte o un supuesto nivel cultural de pacotilla. Hitler, al parecer, estaba más atraído por las artes que por la política; en sus conversaciones nunca faltaban comentarios sobre los artistas, e intentaba alentar los talentos que surgían del pueblo. ¿Incongruencias? ¿Afán de mostrar una imagen más humana? ¿Expresión de aspiraciones frustradas? ¿Las mismas que lo alentaron a suscribir una raza construida para alzarse sobre el resto de la humanidad a pesar de su fenotipo judío?

Se puede separar a Wagner de Hitler; pero no a Hitler de Wagner; porque en el III Reich no hubo un compositor que se escuchara más. Wagner necesitaba realizar la personalidad que se imaginó, llegar al clímax de su divinidad en tanto intérprete del sentimiento griego. Lograr la obra de arte total desde la sensualidad de unos leitmotivs que acompañaban ideas, personajes, sucesos dentro de los mitos y leyendas que su truculencia enaltecía para, entre otras cosas, apuntalar la unidad nacional germana.

En su lucha por poetizar la vida no entendió el avance científico que representaba la revolución industrial. Se hizo construir un teatro para encerrar su utopía artística y nacionalista, para dar rienda suelta a sus innovaciones y ensoñaciones. Su mundo era ese templo nacional, sagrado, personal.

Mantuvo crecientes amores, pero quizás añoró en *Tristán e Isolda* la más hermosa historia de amor de todos los tiempos. Se convirtió en un artista-hechicero, capaz de seducir y convencer de

La isla de los peces muertos

que él era el mejor. Cuando Cósima Liszt abandonó al marido para unírsele le vino con que si una mujer tiene que elegir entre un hombre o un dios resulta excusable que elija al dios. Todos sus engaños y sus relaciones personales y políticas estaban justificadas por una autoconciencia narcisista y fálica que le hizo aceptar la adoración homoerótica de Luis II de Baviera. Estaba convencido de que era un genio. Su obra lo justificaba todo. La presentó como una cosmogonía en que trató de modificar la filosofía de Schopenhauer con relación al amor sexual humano. En algún momento Nietzsche ve en él la resurrección del arte griego: una suerte de Dionisos principesco de los nuevos tiempos.

15

Wagner se pronunció como un antisemita en algunos escritos y su mujer Cósima lo era más consecuentemente que él; sin embargo, el compositor tuvo amigos judíos y no vaciló en confiar algunas de sus obras a intérpretes judíos. Por otro lado, disfrutó de la interesada protección de Luis de Baviera y había descubierto a través de la correspondencia de su madre en 1868 que su verdadero padre era el actor y músico Ludwig Geyer, quien, para descarga de su conciencia, no era judío.

Más allá de sus discutidos antecedentes de los años 1848 y 1849, de rodillas, a orillas del Rhin, juró fidelidad a su patria. Consideró como aventuras precipitadas sus veleidades de revolucionario en los espacios sociales y, seguramente, también sus críticas al espíritu conformista y tardío de lo alemán. No perdió su sentir nacionalista.

—¿Lo hemos perdido nosotros?, se preguntó Amalia. ¿Acaso el nacionalismo no es una suerte de objeto cultural, de constructo para satisfacción de quienes buscan profundidad y densidad espiritual en los espacios materiales de la existencia? ¿No hay en ello algo de ignorancia, de frustración, de envidia? ¿Algo miserable?

—Wagner no fue un político, sino un soñador, aseveró Luis Ramón, alguien seguro de que el perdón solo podían dárselo el tiempo y su vida, como le confesó a Liszt. Alguien que hacía y pensaba como artista, aunque sus sueños se le contaminaran con otra construcción casi absurda como esa de pueblo, pueblo alemán, pueblo francés, pueblo cubano, o pueblo cualquiera. Su creación poética muestra seres excepcionales, muy lejos de eso que dicen pueblo. Un político habla de lo contrario, un político habla de ser crítico, pero actúa desde el dogmatismo de lo burocrático y seudorreligioso.

16

Llegó otro fin de semana y se reunieron esta vez en casa de la psicóloga. El programa de todos era el mismo: encontrar la manera de coincidir en el corral de la morería para fin de año. Antonio, el primo de Amalia, ofrecía el hospedaje, se trataba solamente de reunir el dinero para el pasaje; pero, igualmente, no querían dejar el tema que se habían impuesto. La conmemoración de la música de Wagner se les había convertido en una tarea de choque, como aquella de los comsomoles soviéticos en Siberia.

—¿Sería Wagner socialista? —preguntó Frank.

—Al menos en el período revolucionario de 1848 lo fue —se apresuró María Elena.

—Sin embargo, interrumpió Luis Ramón, en ese mismo año designó el comunismo como doctrina absurda. Según dijo, en esta doctrina de la retribución de los bienes hay un intento sin sentido de solucionar un problema real por medios imposibles, lo que la hace cadáver antes de haber nacido. En 1849 sostuvo que las personas son confundidas por las teorías de los socialistas doctrinarios, y ellos mismos se atormentan con temas infructuosos.

En opinión de Frank el artista no se confundió del todo y menos se extravió en el camino filisteo que tanto profundizó Marx. Para el autor del *Anillo*, el estado no era más que un modelador de la vida y de la cultura que disponía de los ciudadanos como bienes utilizables. Así la economía estaría unida a la producción y no al amor en una burocratización productiva que terminará a la larga en una forma de esclavización. Wagner, en tanto anticipador del neomarxismo, verá en el amor más su contenido erótico que cualquier otro valor. El marxismo amalgama al amante de la alta sociedad con su sirvienta en flagrante adulterio. Todo lo verá como determinación económica de las relaciones humanas. Wagner organizará un movimiento social basado en la creación artística, teniendo por modelo la Grecia clásica. En el anarquismo wagneriano es el amor, y la sensualidad que le acompaña, lo que reemplaza el dinero para constituirse en eje de la vida. Marx diría que solo esa sociedad de tipo socialista será capaz de atribuir al ser humano la capacidad de querer al otro. Wagner será utilizado por Hitler; pero Marx será el sustento ideológico de las dictaduras por venir. Para bien o para mal, o para bien y para mal, Wagner y Marx han sobrevivido.

—Anoche mientras escuchaba la *Valquiria* de *El Anillo del Nibelungo*, continuó Frank, me sorprendí cuando leí en los créditos que el director es Daniel Baremboim, argentino, pero de origen judío. Cierto que Wagner es anterior a Hitler, pero si un artista ha sido tan admirado por el genocida de mi país no le escucho ni *La Bayamesa*.

—¿Por qué siempre asociar la música de Wagner al nazismo?, interrumpió la psicóloga. Lo importante es que Wagner transformó el pensamiento musical con la idea de la obra de arte total.

—Además su influencia se extendió a la filosofía, dice Amalia, sobre todo en lo que llamó la voluntad de vivir. Sus puntos de vista fueron muy importantes en la literatura, el teatro y la política. Fue grande el logro de Wagner, sin embargo, se habla mucho de su exilio político, sus amores tormentosos, su mucha pobreza y también las escapadas a la persecución de sus acreedores. La música lo convirtió en una personalidad altiva y agresiva, y la sociedad en un artista polémico.

»Criticó la música judía por comercial y falta de ideas, pero también es cierto que el nazismo no había germinado cuando Wagner murió. En su época Alemania no era una nación, sino más de

32 estados divididos y él era un amante de la unidad alemana.

—Su esposa Cósima, acotó Luis Ramón, contribuyó al expresar su punto de vista en un periódico local durante ocho años. Sostenía que Wagner consideraba a los judíos como un elemento dañino y extraño a la cultura alemana, pues sobre ellos pesaba una maldición que los llevaría ineludiblemente al exterminio; que jamás serían capaces de sobresalir ni por su arte ni por su apariencia física. Producían música solamente para conseguir popularidad y éxito financiero.

—Saben, sorprendió a todos María Elena, traigo un discurso que manifiesta la necesidad, la voluntad de existir de un coterráneo al pulsar las cuerdas wagnerianas. Es la queja con la que Job inaugurara la historia del hombre, y se pronunció antes de que el marxismo germinara en la isla y marchitara la planta que había nacido con voluntad de vivir. Hace 59 años Rafael Díaz-Balart tuvo la vislumbre profética de aquella nube oscura que se nos venía encima.

17

Señor presidente y señores representantes:

He pedido la palabra para explicar mi voto, porque deseo hacer constar ante mis compañeros legisladores, ante el pueblo de Cuba y ante la Historia, mi opinión y mi actitud con relación a la amnistía que esta Cámara acaba de aprobar y contra la cual me he manifestado tan reiterada y enérgicamente.

No me han convencido en lo más mínimo los argumentos de la casi totalidad de esta Cámara a favor de esa amnistía. Que quede bien claro que soy partidario decidido de toda medida a favor de la paz y la fraternidad entre todos los cubanos, de cualquier partido político o de ningún partido, partidarios o adversarios del Gobierno. Y en ese espíritu sería igualmente partidario de esta amnistía o de cualquier otra amnistía. Pero una amnistía debe ser un instrumento de pacificación y de fraternidad; debe formar parte de un proceso de desarme moral de las pasiones y de los odios, debe ser una pieza en el engranaje de unas reglas de juego bien definidas, aceptadas directa o indirectamente por los distintos protagonistas del proceso que se está viviendo en una nación. Y esta amnistía que acabamos de votar desgraciadamente es todo lo contrario.

Fidel Castro y su grupo han declarado reiterada y airadamente, desde la cómoda cárcel en que se encuentran, que solamente saldrán de esa cárcel para continuar hechos violentos, para continuar utilizando todos los medios en la búsqueda del poder total al que aspiran. Se han negado a participar en todo proceso de pacificación y amenazan por igual a los miembros del Gobierno que a los de la oposición que deseen caminos de paz, que trabajen a favor de soluciones electorales y democráticas, que pongan en manos del pueblo cubano la solución al actual drama que vive nuestra Patria.

Ellos no quieren paz. No quieren solución nacional de tipo alguno, no quieren democracia, ni elecciones, ni confraternidad.

Fidel Castro y su grupo solamente quieren una cosa: el poder, pero el poder total, que les permita destruir definitivamente todo vestigio de Constitución y de ley en Cuba, para instaurar la más cruel, la más bárbara tiranía, una tiranía que enseñaría al pueblo el verdadero significado de lo que es la tiranía, un régimen totalitario, inescrupuloso, ladrón y asesino que sería muy difícil de derrocar por lo menos en veinte años.

La isla de los peces muertos

Porque Fidel Castro no es más que un psicópata fascista que solamente podría pactar desde el poder con las fuerzas del comunismo internacional, porque ya el fascismo fue derrotado en la Segunda Guerra Mundial, y solamente el comunismo le daría a Fidel el ropaje pseudo-ideológico para asesinar, robar, violar impunemente todos los derechos y para destruir en forma definitiva todo el acervo espiritual, histórico, moral y jurídico de nuestra República.

Desgraciadamente, hay quienes desde nuestro propio Gobierno, tampoco desean soluciones democráticas y electorales, porque saben que no pueden ser electos ni concejales en el más pequeño de nuestros municipios. Pero no quiero cansar a mis compañeros representantes. La opinión pública del país ha sido movilizada a favor de esta amnistía. Y los principales jerarcas de nuestro gobierno no han tenido la claridad y la firmeza necesarias para ver y decidir lo más conveniente al Presidente, al Gobierno y, sobre todo, a Cuba. Creo que están haciéndoles un flaco favor al Presidente, sus Ministros y Consejeros, que no han sabido mantenerse firmes frente a las presiones de la prensa, la radio y la televisión.

Creo que esta amnistía, tan imprudentemente aprobada, traerá días, muchos días de luto, de dolor, de sangre y de miseria al pueblo cubano, aunque ese propio pueblo no lo vea así en estos momentos.

Pido a Dios que la mayoría de ese pueblo y la mayoría de mis compañeros representantes aquí presentes, sean los que tienen la razón. Pido a Dios que sea yo el que esté equivocado.

18

La alta intensidad emocional gobernó los sentimientos de todos, y abrió paso al dolor hondo y desgarrado del engaño.

—Estos planes que ahora hacemos con nuestro viaje a Madrid, dijo Frank, pueden resultar contraproducentes porque no sé si conocer otros paisajes haga jirones mi propia identidad, porque nunca voy a sentirme ciudadano del mundo, siempre voy a estar a medio camino entre la ida y el regreso.

»He pensado que acabaré asociando al Guadalquivir con el río del Copo del Chato, que llegaba como cañada a Salgacero, donde yo vivía.

—Comprendo, interrumpió Amalia, que debamos renunciar hasta a los lugares sentimentales, hasta a los recuerdos.

—Hasta a la noche que ha sido tu canto, enfatizó Gerardo.

Amalia, extrañada por el tono irónico, le contestó: Tampoco tengo que desgajarme del único espacio que constituyó conscientemente mi naturaleza.

—Estos planes tenemos que disfrutarlos, son días bonitos que esperamos —terció Luis Ramón para bajar la temperatura de la conversación.

—No podemos mezclar los azules con los grises, insistió Frank, pero tampoco podemos olvidar. Siempre la queja será nuestro tema cuando nos encontremos con los hermanos de sufrimiento, queja nacida desde el fondo del engaño filisteo que radica en esta indigencia de escuchar perennemente su vibrante melodía honda y desgarrada, y si un día perdemos el rastro en nosotros mismos se perpetuaría.

—La queja se nos ha hecho un modo de vida —con los ojos húmedos reafirmó María Elena—, como si imitáramos la agonía cristiana y sus razones entrañables. Ya no son cuarenta años por el desierto, ¡nos pasamos!

»Nos duele nuestra condición menesterosa y despojada. La queja es una ausencia de esperanza que puede gobernar los sentimientos de las personas más estables. Ahí está Kierkegaard. La confesión del padre le hizo mucho daño: Subir desesperado a la montaña para blasfemar de Dios se constituyó en una carga y una condena sobre la familia. Todos morían jóvenes.

»Cuando se enamoró por primera vez, rompió su compromiso por el pánico religioso que le

La isla de los peces muertos

acompañaba. No quería que también sobre ella cayera la maldición. Pensaba que él debía llevar en soledad el terrible castigo. La angustia, decía el filósofo, es una realidad de la libertad frente a la posibilidad.

»El hombre se le representaba como una síntesis de alma y cuerpo, que se une al espíritu, presente en esa síntesis como algo que sueña desde el vértigo de la angustia. Cuando alguien intenta mirar a la profundidad abismal termina con vértigos y la causa está tanto en los ojos como en el abismo.

»El espíritu impone su castigo. La síntesis, la libertad humana, echa la vista hacia abajo por los derroteros de su propia posibilidad, agarrándose a la finitud para sostenerse. En este vértigo cae desmayada, y cuando se incorpora ya es culpable.

»Si salto al vacío entre estos dos momentos es porque persigo el reconocimiento pleno de mí y la esencia de mi identidad. No basta la certidumbre sensible, necesito de la abstracción, aunque amenace con devolver el ser a la nada, aunque la fe se me vuelva angustia, ciclo cerrado, serpiente mordiendo su cola. Necesito alcanzar la plenitud para erradicar de mi espíritu el pánico y el temblor, y ello sin dejar de interesarme por los problemas reales. La fortaleza está en la naturaleza espiritual que alcancemos a través del sentido íntimo, apartando el miedo.

»San Pablo habla del alma a los corintios para reiterarles que orará con el espíritu, pero también con la mente: cantará salmos con el espíritu, pero también con la mente, enfatiza. El espíritu es la fuerza del hombre. Percibimos el ser y la vida como experiencia vivida. Por eso se quejaba el pueblo que vagaba por el desierto, y por eso nos quejamos nosotros por lo que perdimos.

19

—Como eje del mito está el pacto con el diablo a cambio de la perenne juventud, a cambio de la mujer ansiada, concluía Gerardo.

Amalia se dolía de aquellas palabras, las sentía dichas directamente para ella y quiso resarcirse: Perdóname, pero eres el único que está siempre pendiente de mí; y no la pasas bien.

Gerardo no lo pensó dos veces para contestarle: ¿No habrás hecho de tu historia una plaza cósmica y sobrenatural de belleza demoníaca? ¿Una plaza que genera en su música fantasías metafísicas y teológicas? ¿Una plaza que quiere en el drama de Fausto reflejar la queja del Universo? Todo se enlaza; no se puede pensar en Fausto sin pensar en Job.

El músico miró fijamente a los ojos de Amalia: ¡Ay, amiga! ¿Quién es Fausto, quién es uno mismo? ¿Cuál es mi naturaleza que ahora quiere exprimir todo lo que queda de tu fantasía y escribir, en la arena de la noche que aún está dentro de ti, todo lo que siente el hombre acerca de sí mismo?

—Gerardo, yo no he querido abusar de tu comprensión y tu cariño. Es que en mi piel estremecida aquel sentimiento se diluyó, y solo quedó el eco extinguido en una nostalgia nublada y terca... y es lo único que tengo. Mi clímax divino, si aún vive, ya está disperso en la niebla, nadie logrará encarnar la pasión que siempre tuve por saber, por explorar, por conocer lo que yo considero que es la vida. ¡Era el fuego de Eros, que nació conmigo!

Gerardo le explicó con amarga paciencia el desafío que constituía estar siempre cerca de ella. Ya no era joven, pero sí vital, y nunca la vería como una abstracción, sino concreta y despierta como la Margarita de Goethe, con una entusiasta exaltación que busca equiparar la aborrecida noche del conferencista.

En Amalia había un brillo desacostumbrado, como si también tratara de tú al deseo que se le echaba nuevamente encima. Con gran esfuerzo Gerardo cambió el giro de la conversación sin dejar el eje del mito, la eterna juventud.

—A Goethe le ocupó toda la vida escribir su Fausto, no se inventó el personaje, salió de su inconsciente porque la mente produce el efecto que ya tiene en su archivo. Goethe, al igual que Wagner, hace del personaje un mito, símbolo romántico del hombre sin límites; lo fáustico trasciende al pacto con el elemento maligno. En alguna ocasión

La isla de los peces muertos

y a través de tus exposiciones cuando estamos en el grupo he pensado en ese generador que trabaja en tu archivo. ¿Para ti la sexualidad implica también espiritualidad?

Amalia seguía con los ojos encandilados. Gerardo alzó la guitarra, que estaba en una silla cerca de él, y rasgueó algunas notas de la obertura del *Fausto* de Wagner mientras continuaba hablando.

—¿Sabes que Freud no se percató nunca de que peroraba constantemente de sexo? No es que tú lo hagas, pero igual está perennemente en tu pensamiento y no tienes conciencia de la frustración que produce en ti. Pero también hay otra parte que si yo fuera sicólogo, como María Elena, la llamaría mística. Es que hay significados en tu inconsciente, quizás por la religión mal concebida que padeciste de niña, que se resuelven en una fuerza antagónica y destructiva. ¿Recuerdas el encuentro de Santa Teresa y su ángel? Es una luz muy brillante que te eleva y te devuelve y te hunde a la vez.

Gerardo respiró hondo antes de continuar: Freud se obsesionó con la sexualidad y la redujo a un hecho biológico. Nietzsche, con su voluntad de poder, le hubiera dado más importancia a la hermosa y brillante luz de la existencia humana sin tener que inventar el superhombre.

»En Freud se produce una deificación de Eros, en Nietzsche ocurrirá lo mismo dado que Eros y Poder serán dos principios antagónicos, pero complementarios, que el espíritu enlaza.

El músico hablaba poseído de un raro éxtasis verbal: La Santa vio a un ángel a su lado, su rostro era muy hermoso y estaba encendido como si tuviera fuego. Llevaba en la mano una larga espada de oro cuya punta permanecía encendida. Hundía la punta en mi corazón y me traspasaba las entrañas y cuando sacaba la espada me parecía que las entrañas se me escapaban con ella y me sentía arder al sentir el abrazo más allá de tu cuerpo.

Gerardo se turbó al atribuirse inconscientemente las palabras de Santa Teresa y quiso borrar su pérdida de sentido acorralando a Amalia: ¿Cómo ves este orgasmo? Sin hipocresía y sin velos de falso misticismo.

—Estoy muy confundida con todo lo que has dicho. No lo había entendido como el viaje apasionante que me has mostrado, porque cuando más hermoso lo podía encontrar reaparecían los peces muertos.

—Debiste recordarlo de forma distinta ya que te domina el romanticismo de Wagner; lo hubieras materializado en un haz de rayos dorados suspendidos en medio del turbamiento sexual y espi-

La isla de los peces muertos

ritual, a la vez. Si tú supieras, muchacha, lo que yo sería capaz de hacer por apropiarme de esa carga emotiva y sexual que llevas adentro.

Amalia se asustó. Nunca había llegado tan lejos con él. Tampoco había escuchado la pasión expresada con tanta vehemencia. En el tono de Gerardo había un poder de alta intensidad que había gobernado sus sentimientos más allá de su habitual estabilidad.

Súbitamente Gerardo se despidió, y Amalia tuvo la impresión de que él no la había pasado bien en medio de sus quejas. Era un sueño estacionario que ya él no quería compartir. Antes de irse le aconsejó ya fríamente: Piensa menos para que te ahorres desgastes emocionales.

20

Amalia no olvidaba la recomendación y la asociaba a que él estaba aburrido de escucharla, creía que todo se resolvería si lograba alcanzar ese reconocimiento pleno de sí y de su identidad que percibía en Gerardo.

Un día oyó decir que había salido para México invitado a un concierto. Él viajaba con su pareja, la cantante del grupo. Cada uno hizo su vida como mejor la entendió. Él trabajó con entusiasmo, sin quejarse como los demás del grupo, y ella apreció como buenas las diferencias. Eran buenas sus visitas, pero continuar el drama real de la noche y la arena, la quejumbre de Job, la demanda de razones ante las ventanas del cielo, la angustia, le harían perder su amistad. Fue un buen tiempo para reflexionar desde la lejanía.

Regreso una y otra vez a mi pasado, reflexionó, y lo vuelvo a vivir. ¿Será el poder de mi mente tan eficaz que repita el evento con fidelidad? Nunca he sabido equilibrar placer y dolor. Si pudiera morir al menos un poco.

El ser humano es un todo y para mí la presencia del placer es sinónimo de ser feliz, es el único equilibrio que puedo encontrar. Gerardo se ha dado cuenta de la tensión sexual que me acompaña siempre, por eso ha querido guiarme a través de la música para que ilumine la turbamulta de mis pasiones y pueda alcanzar la serenidad en relación con el alma, con mis sentimientos y con la razón.

Solamente podré encontrar mi verdad, mi razón, cuando sea capaz de encontrarme a mí misma; ¿pero cómo lograrlo sin contemplarme en ese espejo narcisista donde constantemente me asomo? Él se ha dado cuenta de mi depresión y mis achaques. Se fue y volví a quedar sola.

21

Amalia era incapaz de escapar a su compulsión obsesiva: Adiós, mi voluntad de vivir. Adiós mi ilusión de salvoconducto. Quizás he tenido el sueño oculto de que en mi vida otra noche podría hacerse realidad. Vuelvo a sentir miedo de que me conozca y, sin embargo, he querido ser adivinada por él. Me excedo en mi interés por los síntomas físicos; ¿se dará cuenta de que merecen una atención especial?

Si no hubiera estado enferma, hubiera llegado a ser más comprensiva, si no hubiera padecido esta fobia social no pensaría que al aburrir a Gerardo me iba a quedar sola. Cuando estoy en su compañía una parte de mi cuerpo no duele, sino que tiene la facultad de enviarme estímulos excitantes, crece una carga de libido que exacerba esta neurosis de angustia que padezco. Recuerdo que María Elena le dijo un día a Frank que la vida anímica a veces traspasaba las fronteras del narcisismo y vestía de libido objetos exteriores, yo supuse que eso sucedía cuando se excedía la carga libidinosa. Ella dijo más: cuando la orientación va dirigida a cosas imaginarias, irreales, llega a provocar un estancamiento y cuando el desarrollo de la libido ha sufrido alguna perturbación no eligen objetos eróticos exteriores, sino a su propia imagen, a ese padecer se le llama narcisismo. Es muy peligroso buscarse a sí mismo, enfatizaba María Elena. Ahí mismo decidí dejar de auscultarme, guardar mi estetoscopio y tratar de obviar mi compulsión neurótica.

—Pienso —continuaba la sicóloga, ajena a la tormenta de emociones que entorpecía el pensamiento de Amalia— que encontramos en las grandes obras muchas enfermedades encubiertas en los anhelos del hombre por trascender. Y por eso se queja y se hace víctima. Es Job, el personaje bíblico que usa Goethe, el que cuestionaría al mismo Dios. Job aparece una y otra vez en la poesía cubana, especialmente en una mujer obsesionada por Dios, por la trascendencia y por el deseo de vivir a plenitud como Gertrudis Gómez de Avellaneda. Ella escarba en el sufrimiento del inocente y las posibles razones que le justifican.

»La mayor tragedia de Fausto es reconocerse como limitado. Es todo lo que de algún modo sintió Goethe, sintió Tula, sienten los artistas sublimes sobre ellos y sobre su sociedad. Años, largos y sufridos años, le costó a Goethe escribir su obra. No solo plasmar la sociedad de su tiempo; sino la angustia de un hombre con el cual muchos seres se sienten reconocidos. Fausto lo tiene todo, pero no se siente pleno. Wagner triunfaba en el campo intelectual como había sido su aspiración, pero quería gozar del patrimonio del hombre, aprehender con su espíritu; ¡y se enamoró de Mathilde, la mujer de su amigo!

»Fausto, como nosotros, vivió el afán de descubrir lo que le faltaba, buscando el espejo mágico que le devolviera la imagen deseada. Goethe y Wagner fueron hombres modernos, típicos del romanticismo, teólogos que no sabían nada del dios que ya anunciaban. Un dios que Heredia y Plácido en la Cuba decimonónica querían contemplar desde la mística inefable de la creación y que solo la Avellaneda convirtió en real oración. El espíritu solo conquista su verdad cuando es capaz de encontrarse a sí mismo.

Amalia todo lo graba en un registro muy amplio de emociones, mientras Frank rememora la historia.

—Mefistófeles pide permiso a Dios para tentar a Fausto, que no encuentra sentido en la razón humana. Salvado del suicidio firma con la propia sangre un pacto. Entregará el alma a cambio de su juventud, si Mefistófeles logra extinguirle su afán de trascender. Es la tragedia del hombre. El hombre que asume su pequeñez ante el mundo, y se enfrenta a su soberbia. Ese fue el pecado de Lucifer, ocupar un lugar que no le correspondía.

Y enfatizó Frank: La inseguridad hincha al hombre de soberbia. La pequeñez ante el Universo, ante el mundo, ante la naturaleza, la incertidumbre del vivir, se resuelven en un globo que el más leve pinchazo puede desinflar.

22

Es la conciencia de la propia imperfección. De la lejanía de la divinidad. El hombre con sus placeres y debilidades. Con sus ángeles y demonios. Es la inconformidad del hombre que busca. Y esta fue la frase que más hondo les llegó a todos: el hombre que busca.

—Estamos condenados a buscar siempre, dijo María Elena, sin encontrar siquiera nuestra identidad; románticos de lo imposible la vida entera, creyendo nuestros paisajes más bellos que lo real. Esa exacerbación de lo que tuvimos, o creímos tener, nos lleva a estereotipos y situaciones como el río del Copo del Chato y el Guadalquivir. Si quedamos anclados en el pasado perderemos el futuro.

Esa era la idea que planeaba sobre sus cabezas juveniles, aunque se enfrascaran en la música o la literatura universal, en el cante jondo o en la poesía cubana.

—La primera escuela de arte que dividió los estilos y los períodos fue la Alemana —sentenció

Luis Ramón—. En el romanticismo de Goethe surge un paisajismo que tiene como catalizador la trascendencia religiosa identificada con la noche, la luna, las ruinas góticas.

—El casi desconocido Manuel María Pérez y Ramírez, interrumpió Amalia, uno de aquel ramillete de tres manueles del temprano diecinueve cubano escribió:

Lucid enhorabuena, astros hermosos;
Pero sabed que el sol que os dio el esmalte
Es un negro carbón al lado de este
Sol de justicia que en las pajas yace.

»En la isla se dará un romanticismo diferente al europeo en que un Heredia y una Avellaneda no solo harán de la naturaleza reflejo de su estado anímico, tempestuoso o deprimido, sino que harán aparecer a Dios como verdadero espíritu de vida.

—Pero volvamos a Fausto —insistió Luis Ramón—, ese individuo insatisfecho que no encuentra lo que busca y se dispone a venderse al diablo para solucionar su permanente desolación. Es el hombre que se pasa la vida corriendo tras metas y anhelos cambiantes.

—Es un personaje de ficción, dijo Gerardo, pero se ha mantenido a través de los siglos. Si no fuera por la idea obsesiva del poder, del control sobre los demás, podría afirmarse que los dictadores están movidos por un espíritu fáustico. Y quizás sea así, solo que se trataría de un Fausto de segunda, una especie de lobo con piel de cordero, un fantoche que lo mismo levantaría en la falsedad de su mano una *Biblia*, una constitución manipulada que el *Manifiesto comunista*.

—No hay que exagerar —dijo María Elena—. Fausto encarna al hombre moderno y reconocemos en él nuestro individualismo, el ansia de saber, la insatisfacción perpetua. Sus fracasos, sus logros y sus culpas. Es la evaluación del hombre del siglo XIX.

—Y también de los logros y fracasos históricos que determinan el XX, apuntó Gerardo.

Luis Ramón estaba decidido a no perder el hilo de su perorata: De modo que siguen también los mismos problemas y aventuras y desventuras, que apelan a nuestra experiencia en el mundo y en los que podemos reconocernos. Como toda figura convertida en mito reaparece a lo largo de todas las épocas. Es condenado y su pacto con el diablo lo lleva al infierno. Fausto es la encarnación de quien se aparta de la fe y persigue el mundo del placer y la eterna juventud.

—Sin embargo, levanta su voz María Elena, a finales del XVIII, el siglo de la razón y del progreso, Goethe absuelve a Fausto, considera que el querer saber es piedra angular en el individuo, aunque su ego sea hiperbólico. El desenlace de la tragedia salva a Fausto y burla al diablo. Da voz a algo tremendamente serio: a la posibilidad del ser humano de estar armónicamente integrado en el mundo.

Esa noche todos se despidieron con el mismo pensamiento: Encontrar un sentido a su existencia. Reconocían que emigrar era un conflicto, una lucha constante en la búsqueda del nuevo paisaje de la vida; no había un plan único, se realizarían según el proyecto de cada uno. Si nada se detiene en el Universo, aún había un tiempo para ellos. Según Hegel, la filosofía es comprender lo que existe y vivir la razón que hace a cada uno hijo de su tiempo.

Hasta Frank comprendió lo sustancial de la libertad en lo que existe en sí y para sí. ¿De qué le valía vivir en un país libre si no se liberaba de él mismo? Y, sobre todo, comprendió que no se podía comprar un pasado. No hay manera de ir en busca del tiempo perdido, como reza en la mala traducción del título de la saga proustiana.

23

Llegó el día del viaje a Madrid, y resultó que solo viajaban Amalia y Gerardo.

La cercanía es el más hondo secreto de la sensibilidad. Amalia sintió miedo al despegar el avión y apretó la mano de Gerardo, como si sujetara su soledad desamparada, y un raro calor surgió entre los dos. Enseguida Gerardo encontró el recurso para desviar la sensación que aparecía dentro de él siempre que conversaba con Amalia. Un fantasma, que ella había fabricado, recorría su espíritu e impedía la motivación para el acercamiento físico.

—Cuéntame de tu primo Antonio, porque no sé casi nada de él y vamos a pasar unos días juntos. Ya sé que nacieron en el mismo lugar, crecieron juntos y conocieron la leyenda de la yegua.

—Te he contado de los caballos del padre, los mejores del lugar donde vivíamos. Pero el caballo blanco que él escogió era el más gallardo y él lo contemplaba como si hubiera sido el que montaba San Jorge. Esa decisión de San Jorge frente al dragón es la de mi primo ante el exilio. Es de los que más recuerda, pero no pierde su vínculo con la realidad. Él es parte de otro exilio, a lo mejor nosotros lo compartimos cuando nos reunimos para entretenernos a la manera del *Decamerón* de Boccacio. Antonio nunca supo del miedo o supo irse por encima. Decidió que el ataúd de la madrastra no iba a estar al lado de su padre. Y volvió a ver desde la ventana de su apartamento, desde acá, muy lejos de su niñez, el caballo blanco que lo acompañaba siempre, y sintió la integridad y la plenitud de sí mismo. Su decisión fue tomada desde los principios de la libertad propia.

—Al parecer siempre supo ver la luz de sus sueños, acotó Gerardo.

—Él sabe interpretar los recuerdos de los paisajes, de los caballos libres al viento, de los animales y sus apareos. Dramas de intenso fuego espiritual porque recordar una amable lejanía es despertar a un nuevo sueño. Es poesía, poesía existente en todas las cosas.

»Bebió las copas de todas las emociones existentes. Fuimos religiosos y profanos. Él supo sincronizarse con una energía que le venía de su voluntad, que es la esencia íntima que le permite objetivarse en cualquier parte del mundo donde decida establecerse.

24

La voluntad mueve monstruos. Voluntad y energía van de la mano. Constituyen el alimento del Universo. El hombre depende de la idea que esa voluntad y energía le permiten hacerse de sí.

Amalia se detenía en el torso esbelto de Gerardo, podía observar su intranquilidad y se daba cuenta de que necesitaba buscar un tema ajeno a sus impulsos; necesitaba echarle mano a la voluntad porque, en poco tiempo, el roce les haría saber que existen impulsos irracionales de la voluntad, y que no eran precisamente manifestaciones de amor sentimental. Y Amalia sintió una fuerza ciega que Gerardo sujetó tomándole el rostro con sus manos duras por el roce de las cuerdas, mirándole a los ojos con el fin de que se apagara el brillo intenso que la delataba.

—¡Ay, Gerardo!, le dijo con voz entrecortada, la vida no se me ha dado para gozarla, sino para pagarla.

—Eres muy romántica, demasiado diría yo.

Tomó aliento y desde la nube de la sapiencia continuó: Fausto encarnó al hombre moderno y reconocemos en él muchos de los problemas que hemos heredado. Su individualismo, su ansia de saber. Su insatisfacción perpetua, amiga mía. Sus problemas de alguna manera siguen siendo nuestros problemas, apelan a nuestra experiencia en el mundo terrenal y espiritual, inquietan nuestras neuronas y nuestra libido. Cuando nuestras apetencias sexuales se enturbian poco hace la voluntad.

Había traído de nuevo la soga a casa del ahorcado, así que se impulsó de lleno: Cuando el romanticismo mira hacia el medioevo y sus castillos góticos, cuando se inventa un culto a la naturaleza y recrea paisajes de bruma y misterio está evocando un viejo sueño celta: Mirar a un pasado que está hecho de nostalgia y de tristeza. Un sueño, quizás, tan viejo como el hombre mismo. ¿Para qué recrear escenas de caza en el fondo oscuro de una cueva, sino para dar forma a eso de lo que se quiere escapar y que acaba envuelto en el manto nostálgico de lo triste?

»Byron es el poeta inglés por excelencia. Denuncia la violencia, la impetuosidad, el tormento de la existencia en un mundo que no ofrece oportunidades; sin embargo, se siente auténtico y proyecta deseos de vivir aunque sea a través de interrogantes.

La isla de los peces muertos

—Melancolía desesperada. Deseo de soledad. Desprecio por lo social —susurró Amalia—.

—Tedio de vivir, y algo que dominar, algo que ha estado en ti con mucha frecuencia: egocentrismo exacerbado, narcisismo.

—No te preocupes, yo he ganado en nuestras conversaciones; no solo lo que has descubierto en mí, sino lo que he aprendido de mí. No te inquietes, el mal del siglo no me arrastrará al suicidio como a Werther. En Lezama he aprendido que determinadas entidades naturales o culturales pueden adquirir una gravitación de sólida estabilidad, la transfiguración de Narciso ante las aguas enemigas puede ser no la muerte de la belleza y de los anhelos de pureza, sino su resonancia en un espacio diferente.

25

—En la segunda ópera de la tetralogía *El anillo del nibelungo,* encontramos la conocida *Cabalgata de las Valquirias.* Se levanta el telón y vemos una montaña donde se han reunido cuatro de los ocho hermanos de Brunilda para preparar el transporte de los héroes caídos al Valhalla y allí cantar su grito de guerra. Se dice que este himno fue transmitido por onda corta antes de lanzar un ataque de tanques durante la Segunda Guerra Mundial.

»La pieza ha sido utilizada frecuentemente con fines extrartísticos. Se usó la música cuando los antiguos enemigos del Norte y del Sur se unieron en defensa de su derecho de nacimiento ario, esgrimido frente a los antiguos esclavos negros liberados después del fin de la Guerra Civil estadounidense.

Era un viaje largo y Gerardo no podía dejarse atrapar por los ojos de Amalia. Quería huir de su conciencia, de su deseo sublimado, de unos anhelos tan reprimidos como los de Amalia. Volvió sobre los caballos de Antonio y su idealización.

—Es posible porque él hablaba de las Valquirias como musas que inspiraban a los guerreros a luchar, capitaneadas por Brunilda, la más fuerte y poderosa. Ellas presienten la muerte y la deciden. Antonio describía a su madre con cabello negro y ojos azules, hablaba de su belleza de amazona y tras su muerte la relacionó siempre con los hermosos caballos de su padre.

—Quizás esa fue la razón por la que una Valquiria a lomos de un caballo blanco le indicó que la madrastra no iba a ser depositada en el lugar de los héroes, en el Valhalla donde estaban sus padres.

26

En unos minutos aterrizarían, y volvió a sujetar los dedos largos y endurecidos de Gerardo.

—Tus manos me protegen, no he sentido miedo en este viaje. Eres una fuente poderosa de creatividad.

—Y, sobre todo, no te ha subido la presión. Tu mente crea lo que necesita y me impresiona tu naturaleza impulsiva, ambiciosa, sexual. Vas a olvidar esta manera de apretarme la mano, pero es tu expresión natural, espontánea, es tu esencia femenina. No me sueltes. Es el encuentro con tus impulsos legítimos, quizás más reales que los de aquella noche que guardas en la memoria.

Y Gerardo pensó que esos impulsos de Amalia surgían de un embrollo fantasioso. El apretón de manos se correspondía con la mirada, pero él no quería engañarse ante una pasión que nacía de represiones, sublimaciones y miedos. Sin embargo, hubo un abrazo largo que les llenó el alma a los dos.

27

Antonio les presentó a un amigo judío que había vivido algún tiempo en el país donde las cañas ya no producen azúcar, según dijo. Amalia y Gerardo lo acogieron con alegría.

Gerardo no esperó para volver a su tema del momento: ¿Qué piensa un hebreo de no permitir que se escuche en Israel la música de Wagner? ¿Conoces a Wagner?

—Conozco el *Parsifal*; sé que el músico se decidió a hacer la ópera porque en el fondo se trataba de una investigación sobre sí mismo. En su concepto el Santo Grial no es más que el anillo del nibelungo. Como dijo Wagner, el Grial es reemplazado ahora por la lucha tras el oro. Además, vio en Tristán su propia renuncia y pensó que es grande la fuerza del deseo, pero mayor la del renunciamiento. Un Viernes Santo de 1865 Wagner escribió a Luis II que era un día de gran significado para el mundo; el Rey Loco quería ahogar en el catolicismo sus ímpetus homosexuales y Wagner, al parecer, le apoyaba. Un Viernes Santo le inspiró el *Parsifal*. Esas sensaciones sagradas le llevaron al rito primaveral, agonía divina de convertir la muerte en resurrección, el pecado en sacrificio de pureza, intento de mezclar íntimamente a la naturaleza, al hombre y a Dios. Wagner intuyó una mezcla de dolor y alegría en este poema épico medieval del siglo XIII.

»En la ópera se hace constante mención a dos reliquias dentro de la fe cristiana. Una es el Santo Grial, el cáliz sagrado donde se recogió la sangre de Cristo, en torno al cual gira el eje argumental. La otra es la lanza que le hirió en el costado, y queda en el poder de Parsifal. El Grial resume la pérdida, la lucha, la compasión y la redención.

—Ha sido interpretado desde una imagen pagana de fertilidad hasta un símbolo cristiano de redención espiritual, acotó Gerardo. Es un símbolo del significado de la vida. Parsifal es un joven que busca borrar las incertidumbres, las ambigüedades, los misterios insondables de la existencia humana. Tiene que deambular por los bosques durante muchos años hasta que, a través del sufrimiento, aprende sobre la compasión y la humildad. Estas le permiten encontrar otra vez el castillo.

—Quizás nosotros también necesitemos vagar durante largo tiempo, dijo Amalia. Hasta comprendernos a nosotros mismos y dar con nuestro castillo interior.

Desde el ensueño de aquella conversación, Antonio continuó: Los símbolos sagrados en el Castillo de Monsalvat tienen evidentes resonancias eróticas. La maldición sobre Kundry, la única mujer importante en la ópera, y el valor de la lanza sagrada que hiere a quien la custodia, y esa herida no se redime sino con ensalmos muy especiales que implican a la lanza fálica y sagrada, hablan de la lucha interna del hombre con sus apetencias sexuales. No en balde Luis II construía castillos mientras su admirado músico recogía mitos para hacerlos ensalada con las creencias cristianas; no en balde el rey enamorado de Wagner colaboró en el monumental proyecto del teatro de Bayreuth. Parsifal es la pureza intocada e imposible. La que atormentó al músico y llevó al rey a una muerte incierta.

28

Nietzsche debió disfrutar la mescolanza de budismo oriental, mitología germana y cristianismo eurohebreo del *Parsifal*, debió verla como un pataleo religioso a tono con sus criterios opuestos a la resignación ante el sufrimiento, opuestos a la pesada carga de lo pecaminoso, opuestos al miedo a mirar la vida descarnadamente, opuestos al intento de acotar y disminuir la carga de incertidumbre de la existencia humana; a cambió se violentó por la intensidad mística de la obra, por ese lado oscuro que, justamente, debió atraerle.

—El hombre es una cuerda tendida entre la bestia y el superhombre —dijo Antonio, parafraseando a Nietzsche, y sin dejar claro si aprobaba o refutaba—. El hombre tiene que ser superado por el ansia fáustica de la existencia terrenal, por el anhelo de establecer el poder sobre los otros y sobre la naturaleza y no quedarse en la pureza ideal de un Parsifal. No se trata de voluntad de vida, sino de voluntad de poder.

»Las cosas más profundas odian la imagen y la semejanza, están más allá del mal y del bien, más allá de las costumbres, de la moral gregaria, del igualitarismo mediocre, del tradicionalismo estatizante, de la fe que encierra y ahoga la libertad de espíritu a que debe aspirar el hombre verdadero. Por ahí va Nietzsche, por ahí no va Wagner, aunque algo del amigo, que lo consideraba demasiado humano, respira en el *Parsifal*. En el *Parsifal* que parece repetir con Schopenhauer que la vida es dolor y la voluntad de vivir es el principio del dolor.

—Cuando José de Arimatea huye —el amigo judío aprovechó la pausa de Antonio—, según dicen, a la zona meridional de Francia llevando el sagrado cáliz de la cena no solo está realizando un bello gesto dentro de la tradición cristiana, sino que está portando el sentido del pecado judío y del dolor eterno del hombre, del siervo de Dios de que habla Isaías. En ese cáliz, del cual, antes de despedirse hacia la humillación y el abandono, bebió el mesías sufriente, está la esencia representativa de una religión que marca toda la cultura occidental.

—El pensamiento materialista y ateo occidental, con los seguidores de Marx a la cabeza, esperaba la desaparición de la religión en nuestros días, el entierro del opio de los pueblos —reflexionó

Amalia, sin saber si hablaba por ella o por un artículo de Vargas Llosa—. Al desplomarse el comunismo la iglesia ortodoxa rusa renació con fuerza inusitada; al aflojarse las amarras en Cuba, la religión católica, el protestantismo, el espiritismo, las religiones de ascendencia africana, las sectas más diversas pululan en barrios, repartos, montes y ciudades. Los hombres han demostrado no ser confiables a la hora de construir un mundo justo, pacífico, ordenado, dialogante, por tanto, no hay más opción que volver los ojos a la trascendencia. Es ahí donde falla también el absurdo de un existencialismo que desconoce que la religión es la fuente primera y mayor de los principios morales.

29

Wagner participó en la revolución de 1848 en Alemania y Luis, el rey constructor de castillos, le ayudó a huir a París, donde un amigo le prestó una casa y una esposa. Su dolorosa renuncia al amor de Mathilde le llevó a *Tristán e Isolda*. Decía Balzac que cada vez que conquistaba una amante dejaba de escribir una novela, parece que Wagner invierte la fórmula. Ambos, como buenos cristianos europeos, están creyendo que solo el dolor es creativo y que la felicidad del amor conseguido apaga los deseos de volverse diosecillo creador. La paloma en vuelo de las armas de Parsifal, la paloma en vuelo sobre la cabeza del Ungido cuando es bautizado por Juan, la paloma en vuelo de la Babilonia de Nemrod, la paloma del Espíritu Santo vuela sobre la cabeza de estos creadores, sobre las esencias de nuestras apreciaciones con relación a un mundo que obstinadamente se niega a dejarse comprender.

30

El encierro involuntario aparece como un castigo insoportable para la libertad no solo del cuerpo, sino también del espíritu. Los dictadores que pasan por esa experiencia la aprovechan para crecer ante la admiración de los hombres supuestamente libres. Hitler convirtió su estancia carcelaria en leyenda. En la prisión era tratado con honores, mientras su mente cocinaba un régimen de poder a costa del miedo.

Parsifal fue para él, para su mente retorcida, el escogido por la naturaleza, el fuerte, graciosamente el superhombre que no estaba en la mentalidad de Wagner. En su versión de la ópera, Parsifal es el defensor de la pureza de la raza. Como bien decía Martí, los enanos mentales llevan los pensamientos más altos al nivel de su escasa estatura. Así, Hitler se reconoce en Parsifal.

El sadismo del dictador ignora la historia y la antropología, los arios representan la más alta clase de la humanidad, y, por tanto, prohíbe el matrimonio interracial. Hitler se asustaría si viera a sus rubios alemanes paseando por el malecón habanero cogidos del brazo con despampanantes negras jineteras.

El dominio, el control, el poder se le convirtieron en obsesión. No creía en la democracia. Un solo hombre mandaría. Creía como Marx que la vida es una lucha ciega entre unos hombres y otros, razas o clases sociales, lo mismo da; el mismo odio, la misma limitación, la misma carencia de misericordia y amor.

¿Qué representaría Amfortas para él? Amfortas sufre la herida de una espada divina en una aventura de pecado. En éxtasis ante el cáliz siente renovarse la vida y ve alejarse la muerte anhelada. Como Santa Teresa muere porque no alcanza el camino hacia Cristo, que es la muerte misma. ¿Cómo liberar a la humanidad del sufrimiento? ¿Acaso obligándola a purificarse bajo el férreo peso de una dictadura esperanzada en un futuro paradisíaco? El Grial concede el poder de vivir, a la vez que el sufrimiento eterno; Hitler promete el poder de vivir a la vez que la felicidad eterna. La felicidad sin conciencia que se erige sobre el dolor ajeno.

31

—Durante la guerra civil rusa de 1918, —rememoró el judío—, se produjeron numerosos pogromos, se estima que doscientas cincuenta mil personas fueron asesinadas bajo el imperio ruso por razones raciales. Llegaron a trescientos mil los huérfanos, fue un linchamiento multitudinario.

—El territorio de la actual Rusia, apoyó Antonio a su amigo, albergó la mayor población judía del mundo; allí floreció, pero también enfrentó políticas discriminatorias y persecuciones antisemitas.

—En 1917 los británicos arrebataron a los turcos el control de la tierra de Israel y cometieron ataques violentos contra las poblaciones. Actos de violencia instigados por grupos gubernamentales; la clase dominante contra una minoría débil. La misma que en Rusia fue dirigida contra las comunidades judías. Nadie alzó una voz de protesta ante el ataque a mansalva contra una comunidad adormecida e indefensa. Era esta la técnica del pogromo, masacrar a gente de paz, gente sumida en la lucha por subsistir.

—Algo de eso tuvimos en Cuba, aportó Gerardo, cuando la concentración de Weyler y cuando la llamada limpia del Escambray.

—El origen de esta palabra, retomó su hilo de Ariadna el judío, data del año 1881 cuando el zar Alejandro II fue asesinado en San Petersburgo. Los judíos que habitaban la ciudad fueron asesinados sin distinción alguna, como si todos a una hubieran matado al zar, al igual se había dicho que dos mil años antes todos los judíos mataron a Jesús. Embriagados de odio atacaron a la comunidad judía en una acción masiva y criminal. Los que pudieron escaparon hacia América en una larga emigración que duró hasta 1900. Todos los fracasos militares, económicos y políticos se los achacaron a los judíos y los pogromos cubrieron toda Rusia como una infecciosa y mortal epidemia.

—Toda dictadura necesita un chivo expiatorio para justificar sus excesos e ineptitudes, corroboró Gerardo.

32

—El Hotel Hilton de Tel-Aviv canceló un contrato listo para terminar con uno de los grandes tabúes que permanecen en Israel, dijo Antonio. La Asociación Wagner recibió la noticia de la impedimenta de interpretar al músico alemán sin ninguna explicación.

—Wagner murió en 1883 mucho tiempo antes de que el dictador nazi se entronizara en Alemania, continuó Gerardo. La ideología de Wagner estaba enlazada con su música. Marx era cinco años menor que él, pero influyó en Wagner. Los jóvenes hegelianos culparon a los judíos de muchos males del mundo. Marx publicó su tratado antisemita: *Sobre la cuestión judía* y cinco años después Wagner publicó *El judaísmo en la música*. De alguna manera ambos, uno descendiente de judíos y otro bajo sospecha de serlo, exponían que los judíos solo podían redimirse si renunciaban al judaísmo. En 1848 Marx publicó su *Manifiesto Comunista* y Wagner comenzó a trabajar con el guion de una ópera para cinco actos, donde presentaba a

Jesús como un revolucionario, una amenaza para la rica aristocracia sacerdotal judía. Más tarde el músico se apartó del radicalismo, pero se acentuó su antisemitismo. El argumento de que los judíos dominaban la cultura alemana y robaban su patrimonio cultural y también su idioma contribuyó a formar un sector de la opinión pública del siglo xx.

—Hitler se creyó inspirado por la música y el pensamiento de Wagner, reconoció Antonio. Sin embargo, verdaderos artista judíos supieron separar el antisemitismo de Wagner como expresión de la naturaleza del hombre y su música como un talento otorgado también por la divina naturaleza. Este genio que lo trasciende separa su vida privada de una música que se propone el imposible de transformar la naturaleza humana. A pesar de la intensa germanidad de los temas de Wagner el aspecto antisemita no se percibe en sus óperas. Algunos dicen que sus villanos son judíos, pero es solo una interpretación como cualquier otra.

—En las incursiones por el desierto, dijo Amalia, las tribus judías en más de una ocasión se sintieron desmerecidas ante los ojos de Dios, e incluso se subvaloraron frente a otros habitantes de aquellos lugares. Reclamaban a Dios y deseaban no haber salido de Egipto. Se enfrentaban a sus dirigentes y preferían el yugo opresor del faraón que la libertad conquistada bajo riesgo de

La isla de los peces muertos

muerte. Esa actitud de víctima, ese temor de las masas favorece la existencia de los regímenes dictatoriales.

Según el amigo de Antonio, en *Parsifal* el genio de Wagner alcanza su cúspide. Puede generar todo tipo de emociones, puede ennoblecer. Es un gran riesgo, pero Israel es también un gran riesgo, lo afrontó caminando cuarenta años por el desierto guiado por Moisés. Debían conquistar la tierra prometida y desalojar a quienes encontraran viviendo allí. Así interpretaron religiosamente su camino sociopolítico.

—¿Israel, como yo, debía escuchar a Wagner?, se preguntó finalmente.

33

Se cuenta que a los 28 años Sigmund Freud quiso adjudicarse alguna notoriedad y encontró muy atractivo afirmar que el uso de la cocaína podía ser beneficioso. Comunicó que conocía a un alemán que la usaba para que sus soldados rindieran más en la resistencia; que la droga podía ser eficaz contra las enfermedades del corazón y ayudar al control del sistema nervioso. Convencido del hallazgo ofrece la droga a sus amigos y parientes. Hasta escribe un ensayo acerca de la alegría y la euforia que produce. Años más tarde refirió con vergüenza este episodio de su vida. Todos nos equivocamos, todos en algún momento nos dejamos arrastrar por alguna idea torcida, algún interés egoísta, algún deseo malsano.

34

—Para nosotros los judíos existe la fatídica «noche de los cristales rotos», la noche del 9 de noviembre de 1938. Saquearon las casas y los comercios de los judíos, las sinagogas fueron quemadas, más de 300 mil judíos enviados a los campos de concentración y seis millones asesinados por los nazis. Sin embargo, he tenido noticias de que este aniversario los alemanes lo celebraron con velas y compartieron recuerdos con sobrevivientes del holocausto y en Berlín caminaron por barrios judíos.

»Mi padre pudo escapar a Norteamérica, desembarcó en Ellis Island con miles de refugiados. Nunca más supo de su familia. Aquí se casó y trabajó mucho. Hace dos años supe que habían visto a una señora de su familia por Chicago. Me informé, investigué y llegué a la puerta de su casa. Aún recuerdo el rostro de terror de la mujer al verme. Creyó que era el espíritu de su padre a quien habían quemado vivo. Me fui con mi familia al país de ustedes y me encontré con Antonio que es como una presencia vicaria de esa familia que he perdido, o por el terror o por la muerte.

35

Llegó el 31 de diciembre y se fueron al Corral de la Morería a disfrutar de las coplas flamencas, que habían prosperado entre los gitanos. Esos gitanos asentados en la baja Andalucía, quizás, porque el canto era la única válvula para escapar de su queja errante.

Comenzó siendo manifestación íntima de una minoría marginada, que relataba en sus cantos la lamentable vida del pueblo gitano. Pero no hay rebeldía en este canto, solo lamentos.

A medida que Amalia escuchaba, pensaba en su pueblo. Percibía una airada conformidad en los temas: amor y muerte, cárcel y libertad. Y sobre todo, la carencia de esperanza. Persecuciones, injusticias, angustias y soledad.

Gerardo le tocó un brazo para decirle: También tenemos eso, pero en rebeldía constante. ¿Cuántos han mantenido vivo el exilio a pesar de la oscura fatalidad? Las seguidillas de ellos huelen a existencialismo, han sabido integrar en este arte su condición cotidiana.

Y murmuró Jeffrey, el judío: Ese es su trágico universo, universo que se funda en hechos históricos. La historia es como una rueda implacable que nos aplasta, nuestros restos quedan en el suelo y ella sigue girando inexorablemente.

Salimos al aire y volvió a decir Gerardo: Se puede considerar la copla flamenca como un relato histórico trasmitido de forma oral, como las de los trovadores en la época Medieval. El canto se consume en sí mismo; sirve solamente para amortiguar los dolores y no para invitar a combatirlos. Las coplas flamencas emiten quejas como destellos del alma en pena. A veces el dolor las distancias de la historia y surge entonces la más delicada poesía.

Amalia se dirigió a Jeffrey, pues esperaba en vano que se interesara en ella: ¿Qué piensas de la queja de los que tienen que emigrar, de la discriminación que sufren? ¿Has reflexionado en las palabras que Shakespeare coloca en boca del duque de Norfolk cuando Ricardo II lo condena a no volver nunca al país que lo vio nacer y crecer? Sentencia severa que le arroja errante al espacio desconocido, que le priva de usar su idioma y le hace preguntar: ¿Qué es, pues, tu sentencia sino una muerte muda, que roba a mis labios las palabras que exhalaba su aliento nativo?

—Nosotros, no nos quejamos, ¡nos defendemos! Porque si nos quedamos anclados en el pasado, también vamos a perder el futuro.

La isla de los peces muertos

Jeffrey se le presentaba como un hombre maduro, lleno de misterios, cuyos puentes no podía atravesar. Antonio observaba la conversación de ambos con mucho interés, sabía que era ella la más indicada para taladrar su propio misterio.

—No escuché una sola copla que tratara de liberarse del recuerdo, de la mente, para alcanzar un nuevo estado de conciencia. El espectáculo fue muy bueno, pero no me cautivó. Quizás fue por todo lo que hablamos antes sobre la tetralogía de Wagner. Pensé en Sigfrido, ideal de Wagner que cierra la tetralogía. El dragón al morir le entrega a Sigfrido la llave del conocimiento. Pensé en Parsifal. Parsifal es la consecuencia de acceder al amor, es el camino para la reconciliación.

—¡Es precioso lo que dices, me encanta!, interrumpió Amalia.

—Tu primo me contó que habías sido religiosa; y que pertenecían a la misma denominación. En mi juventud me fui al país de ustedes, como les había dicho. ¿Cómo suponer que esta isla perdida en el Caribe iba a desembocar en la imposición del comunismo ateo?

Antonio había propiciado ese encuentro entre su prima y el amigo, que conocían de la iglesia a la que asistieron ambos. Amalia no lo recordaba y pensó que era más saludable para ella, marcada por aquella experiencia religiosa lejana en el tiempo, marcada, además, por la más cercana del exilio. Exageraba la más mínima ofensa para creerse discriminada. Buscaba protagonismo, ser el centro de atención, aunque quisiera demostrar que vivía aislada de todos para suscitar compasión. Responsabiliza a la familia y al entorno de su frustración y soledad.

Han sido muchos años de depresión y ha cambiado se decía Antonio.

Le había sugerido a Jeffrey que se trataba de una retórica demagógica, incluso de una conducta patológica. Culpa a su niñez de la paranoia que padece, reacciona negativamente ante la realidad, necesita apoyo para recuperarse.

El judío se había dado cuenta de la angustia y agonía en que se debatía Amalia, y quería ganarse su confianza: La música te eleva por encima de cualquier arte. Es como un efecto que desde lo sublime llega hasta nuestra más íntima esencia. Es el arte entre las artes como suponía Schopenhauer. ¿Te parece de veras que nos integra armónicamente en el mundo?

—Nada me integra armónicamente, todo es insuficiente para mí. Sin embargo, la música me llega al corazón sin detenerse en la cabeza y le da voz a las profundas agitaciones de mi ser, me aliena de la realidad sin ningún sufrimiento.

—Amalia, tú mantenías relaciones con tu primo y desde antes de venir al destierro él quería ayudarte, sabía que tenías problemas emocionales, y quiso consultar conmigo para saber si era producto del sistema en que vivías o si eras presa de ti misma. Me había hablado de algún resentimiento que padecías, pero tus cartas eran muy intensas...

—Sabía que le hacía daño a mi primo con mis cartas; pero era una búsqueda de consuelo o de aprobación que no podía evitar. Además era muy susceptible a las críticas que me hacían por mis quejas. Aburría a la gente que me rodeaba, creían exageradas mis emociones. Es verdad, que mis manifestaciones cambiaban y parecían superficiales, y, sobre todo, nadie me entendió nunca.

—¿Mostrabas tendencia a creer que las relaciones eran más íntimas de lo que realmente eran? ¿Tendías a describir la situación y sobreactuar e interiormente culpabas a otras personas de tus fracasos?

Amalia se mantuvo en silencio.

—Bueno, la realización plena siempre va a estar ligada a otras personas. Sin embargo, no nos relacionamos solo con los demás, sino muy especialmente con nosotros mismos. Y ese diálogo interior puede ser estéril; pero también fecundo, siempre que no esté al acecho de alguna culpa mórbida, de esas que impone la cultura o la familia. Porque la vida es construirse en el tiempo; es saberse uno mismo y tomar conciencia de lo que nos rodea; sin fanatismo y sobre todo sin castigos. Vivir es desear las cosas del mundo y entender las posibilidades existentes, entender por qué cada quien ocupa el espacio que le ha tocado vivir.

»Me llama la atención la soledad en la que vives. Según Antonio no tienes amistades, ni te acercas a la familia. Los exiliados, a pesar de sentirse desterrados, demuestran afecto por los de su misma condición. Eso refleja la añoranza por su tierra abandonada y llega a convertirse para algunos en la propia encarnación de la vida. En tu caso es diferente.

—Soy muy egoísta, solamente recuerdo una noche de mi vida. Quizás, también le habló Antonio de mi letanía. Puede parecer ridículo, pero es el lugar donde único se abre mi horizonte. Había cruzado por la vida tan solo de paso y aquella experiencia volvió inacabable mi imaginación, removió fuerzas desconocidas que nadie ha podido comprender; pero, a mí me hizo comprender que había vivido. Al llegar a ese punto sentí que no había retorno.

Ella ha ordenado su vida, pensó él, desde perspectivas muy particulares, percibe las cosas a través del espejo de su memoria y esta busca lo que necesita, el recuerdo es selectivo y el de ella es de esencia erótica.

Y Amalia lo miraba como si lo hubiera conocido antes: alto, moreno, con la mirada inquietante y el pelo ondulado. Era mayor que Antonio, pero también se mantenía atlético. Sin embargo, no creía que tuvieran caracteres afines.

Él volvió a mirarla: ¿Podrías tomar distancia sobre ti misma, como si fueras otra? ¿Puedes pensar en tu estado anímico de ahora mismo, puedes definir cuáles son tus cualidades y tus defectos? Es una autoconciencia para aprender de nuestros errores. Siempre que no consideres o confundas errores con pecados. Esto puede hacer posible la fidelidad a uno mismo y sobre todo ser protagonista de la propia vida y no mero espectador. Santa Teresa solía tomar distancia de sí para entender sus relaciones con Dios y con los demás.

—Es difícil conocerse a una misma en los entresijos de nuestra propia personalidad.

—Siempre habrá un misterio que no nos permitirá conocernos del todo. Hay que entender la propia vida, pero sin miedo o castigos, ver el mundo mucho más humano. Sé que el motivo principal de tu viaje fue investigar sobre la queja del flamenco español. Quizás has tenido rechazos. Este sentimiento roba energía. Esa sensación invade todos los aspectos de nuestro desarrollo emocional, llevándonos a situaciones de frustración. Puede que el victimismo en ocasiones sea justificado, pero el poder sobre los sentimientos es nuestro.

»Amalia, mira la realidad fuera de ti. La mente produce fantasías que parecen reales. Pensar lo mejor en cada situación nos va a limitar el desgaste emocional. No le introduzcas a tu mente datos equivocados. Quizás sería conveniente leer algunos poemas tuyos, a ver qué cosa nos pueden traer.

36

Una gota de luna

Hoy tengo derecho a una gota de luna
Respiran los claveles el viento de ayer
Escucho en el tiempo un ritmo de pasos
Y se enciende el día con mi propio ser.

Pulsé la guitarra con cuerdas de noche
Le robé a la sangre las notas del tiempo
Incorporé mi fuente, queriendo alcanzar
Un nostálgico pez rojo que no sale del mar.

A mi copa de nieve aún le falta licor.
¿En un largo viaje de latido y de espuma
Detendrás en mis cuerdas, tu mano, tañedor?

¿Por qué no golpeas la puerta de miel?
La noche merece exprimir su panal
Hoy, hoy yo tengo derecho a una gota de luna.

Lluvia

Fue una tarde de tormenta
Aunque afuera no llovía
Esperé que tú pasaras

Que intensa coquetería
Que pliegues de luz violeta
El cuerpo logró envolverme
Las nubes saltaban jugando a ser fuentes
Pero sentiste la noche porque oscurecía.
Y la luz del rayo, la sangre y el fuego
Cegó tus pupilas
Sin darte ni cuenta que amainaba el viento
Y dejaba la tierra de palpitar.
Sin darte ni cuenta que el agua escurría
Y secaba el surco
Que no preparaste para navegar.

Un mes

Tiempo que te abres a todos los viajeros
Ofréceme la embriaguez suprema de la vida
Yo quiero un mes de surco, de césped y de cielo
Un mes en el verde respaldo de mi espalda.
De agosto, de marzo o de diciembre cualquier mes.
Que galope en atracción sin límite de horas
Que haga ceniza esta inquietud de cera
De Ícaro de verano de fuego y de suspiro.
Que se enrosque la carne en el fuego del día
Que se beba el crepúsculo y desprenda la estrella
Que dure el viaje un mes en desnudado grito
Jadeando en estertores de goce y de fatiga.
Del eterno misterio que traga y nos devuelve
Un mes para que venga en el rumor del viento
Y se quede hechizado en el alma.

Sauce sediento

Verdes ramajes del terreno abierto
Atracción de río rumoroso y hondo
Avivando el trote del potro con sed
De probar de veras el gusto del agua.
Canoa insatisfecha demandando remos
Golpea en las ansias del sauce sediento
Con la proa jadeante y el timón al viento
Cava en un suspiro la eternidad
Hundirás tus manos y exprimiré la luna
Andarás mi camino de brisa mojada
Tensarás tu raíz de ramajes de juncos
Y un pez rojo llenará mis manos de fuerza vital.
Lléname de sueños de canción de nube
Galopa en las ansias del sauce sediento
Con la proa jadeante y el timón al viento
Cava en un suspiro la eternidad
Te ensanchará la sombra y me alzaré contigo
Como en el poniente se agiganta el sol
Detendrás tu día en mi puerta oscura
Removiendo mi fuente, sentiré tu estatura
Y nubes y estrellas a mi alrededor.

37

—La música es una búsqueda de entendimiento con la naturaleza del hombre y sus efectos han sido tema de investigación desde la antigüedad. El cerebro recibe el estímulo de las emociones, las sensaciones y los sentimientos sin que entre en juego la razón.

Jeffrey hizo una breve pausa antes de continuar: Las cuerdas de la guitarra excitan tu cuerpo no solo en la circulación de la sangre, sino en la química íntima de tu organismo. El ritmo es un potencial del sistema nervioso humano. La música libera la adrenalina y otras hormonas. Aquella noche la luz violenta del ritmo envolvió tu cuerpo.

Amalia miraba expectante los labios del judío.

—La luz del rayo, la sangre y el fuego cegaron tus pupilas. Pero qué decirte de algo que nadie ha sentido como tú. La tierra siempre ha palpitado en ti y la fuente no se ha secado nunca. Tu mente navega por la embriaguez suprema de la vida y demandas aunque sea un mes de surco, de césped y de cielo.

—¡Un mes en la yerba verde, interrumpe Amalia, o en la arena inmensa, en galope al cielo! Ícaro que se queme en el suspiro, que arda en otro cuerpo. Un grito jadeando en estertores de goces y de fatiga, que descubra el misterio cuando traga la oscuridad del hombre y devuelve la luz de Dios.

—Pero esa noche de la existencia busca su redención. Ese impulso oscuro anhela satisfacción plena, como en las tragedias de Wagner donde música, baile, canto, recitativo, máscara, luces, colores se aúnan en éxtasis. Arte que en el fondo del ser se encuentra a sí mismo, si se le ha confiado la verdad de nuestro existir. Narciso que descubre en la fuente no el agua quieta que refleja su belleza transitoria, sino el río turbulento que todo lo cambia, que desfigura su rostro para invitarlo a reflexionar y a crear.

38

¿Antonio se lo había contado todo? ¿Tan mal la veía su primo que en su viaje de placer le buscó a un loquero para controlarla? Realmente estaba encantada con Jeffrey, pero se sentía desnuda ante él, que ahora leía sus poemas en voz alta.

Antonio conversaba con Gerardo en la pequeña terraza del apartamento, pero ella podía sentir su inquietud. Jeffrey no le simpatizaba para nada a Gerardo.

—Canoa insatisfecha, comentaba Jeffrey, que demanda la proa jadeante y el timón al viento, que tensa raíces y ramajes de juncos, que busca al pez rojo de fuerza vital.

»Amalia, lo que has sentido puede recrear experiencias corporales, puede suscitar miedo o felicidad. El cerebro puede recrear la sensación de una brisa fría que estremece la piel.

Amalia rompió su silencio: Es que mi mente ha sido siempre una sombra triste que vaga sin retorno.

Y le contó de las cartas que escribía y se contestaba; de su temor a tener una lesión cerebral, un estigma genético, un castigo del Supremo.

—No, Amalia. El conocimiento se construye desde la acción del individuo en el intercambio social. El entorno puede modelar nuestro cerebro, se producen conexiones, se incorporan imágenes, se graban o se inventan recuerdos. El arte reconduce nuestros sentidos a la realidad que está más allá de lo elemental. Llegamos a ser conscientes de aquello que se oculta detrás de la apariencia de todas las cosas. Eso que confiere significación, esa realidad última en su esencia misma, todo eso lo puedes recrear como la brisa fresca que estremeció tu piel. Esa sombra triste que sobre ti has colgado la verás volver al espacio de su irrealidad.

»Los sentidos responden a tu necesidad apasionada y no te dejan asomarte al cielo de la vida. Esa existencia de realidades múltiples configuró en orgasmos tu sentir, y tu mente hizo de la fantasía una máscara de la realidad. Sería bueno para ti reconocer esa diferencia entre conocer y desear, entre la sensibilidad o la imaginación que te ha conturbado y su representación en la conciencia. Recordar los cambios en tu cuerpo que te han producido cambios en el alma. Cuando se revela la interioridad se alcanzan las dimensiones de esa realidad que hace falta conocer para liberarse del pasado.

La isla de los peces muertos

—No sé dónde comenzó esta manera de estar triste, de estar asustada siempre, de temerle al castigo. Si mantengo la energía de la vida es porque no quiero dejar de ser.

—Amalia, lo que has vivido puede recrear experiencias corporales, sueños, miedos o incluso felicidad. La realidad está hecha de los problemas cotidianos, pero la fantasía es una realidad de otra calidad, un sueño colgando de una nube a la que puedas asomarte, en la que puedes perderte o sanarte.

—Mis cartas debieron ser una realidad torcida, una nube de tormenta. Me gusta la imagen de Santa Teresa con el Ángel. Ella lo miraba fijamente y el Ángel muy cerca levantaba la tela con que se cubría. Tal vez, la tocaba; yo comenzaba a sentir que me destapaba. Y me movía en el contacto enamorado que tenía con él. Viví físicamente el contacto que la Santa tenía con él. Abandonada a mis veleidades como una erotómana histérica. Se posó sobre mí con todo su peso. Sentía la palpitación del cuerpo en toda su realidad. Probaba un placer tan fuerte que nada podía compararse con esos momentos de la vida. Y cuando se retiró me dejó ardiente de amor.

»Yo, todavía no usaba sostenedores pero, me encantaba mirar como las mujeres se echaban dentro del seno algunas cosas importantes para ellas. Después de terminada la descripción de lo que había provocado en mí la imagen de la Santa y el Ángel me abrí el corpiño y eché la carta en mi seno. Enseguida que caminé dentro de la casa se me cayó al piso, y mi madre la recogió. Fue horrible para ella la lectura, había entrado a través de mi carta en el infierno, arrastrándome a mí en todo lo que me auguraba.

Al otro día había culto y organizó un espacio en el que yo tenía que presentar mi pecado delante de todos los miembros y mostrar mi arrepentimiento.

39

Amalia se apretaba las manos convulsivamente, el cuello se le tensaba y los ojos se le abrían desmesuradamente. Jeffrey intentó devolverle un poco de calma: Hay una poetisa de tu tierra que recrea de alguna manera una experiencia similar a la de Santa Teresa. Dulce María Loynaz describe al amante como a un San Miguel Arcángel que se le acerca en la penumbra de la tarde y con su lanza relampagueante clava a sus pies al demonio que le chupa la sangre. Como si la misma fuerza viril y erótica que le turba se volviera contra sí para devolverle la paz.

Y los dos sonrieron al dejar escapar el vapor tenso de la conversación.

—Todo lo que registró tu memoria lo viviste estos años como percepción ardiente e infernal. La intensidad del estímulo bajo un ropaje religioso equivocado afectó tu conciencia. Son vivencias subjetivas. Se ve lo que se desea ver y se percibe lo que se necesita percibir. Debes intentar un acercamiento a la realidad sin asociarla a recuerdo emocional alguno, puedes hasta evitar las disfunciones del cuerpo.

»Se pueden reorientar las emociones y vivir un presente más sano, es muy mórbido dedicar la existencia a creernos herederos de familias deficientes, ya sea por su escaso desarrollo intelectual o por desajustes genéticos de cualquier género. No se puede vivir esclavo del pasado.

»Viniste, además de encontrarte con tu primo, para hacer un estudio del flamenco, porque te interesaba la queja de la gente desposeída de su tierra y de sus raíces. Ese dolor flamenco intensificaba tu propio sentir y lo agigantaba. Sin embargo, no has apreciado lo alegre y fiestero de las bulerías. Ritmo de jaleo y palmadas que remata toda fiesta flamenca.

—Siempre he sabido que debo escribir mis poemas como escala rítmica de comprensión. Lo intento, pero hay un padecer en la palabra que me impide arribar a la significación última. No llega a ser poesía lo que emana de mi espíritu.

—Tú misma eres un poema hecho de música honda y desgarrada en el recuerdo. Ese mundo sonoro lo escribe tu alma; pero al ponerlo sobre

La isla de los peces muertos

el papel se escapa metafísicamente en un pensamiento que la razón no ha podido entender. Sin embargo, has vivido en un mundo sonoro tan íntimo que ni siquiera te llegó la poesía.

40

Jeffrey quiso aprovechar el grado a que había llegado su relación con Amalia.

—Santa Teresa de Ávila es representativa de la ninfomanía reprimida y de los daños que puede ocasionar la abstinencia sexual. En su cita con el ángel había llegado a tal grado de gravedad que estaba siempre al borde del desmayo.

—Pero se sabe de cierto, interrumpió Amalia con cierta aspereza, que la santa padecía una enfermedad cardiaca que le había rasgado el corazón, y sus dolores y éxtasis estaban relacionados con el dolor que le producía la alteración del ritmo de su corazón. Interpretar su éxtasis religioso como una sublimación de la ruptura rítmica de su cuerpo me parece justo, pero verla como ninfómana se sale de todos los marcos susceptibles der ser comprobados históricamente.

—Yo sentía un fuego interior que me quemaba, insistió Amalia. Durante los éxtasis perdía el movimiento del cuerpo.

—Pero Teresa llevaba una vida muy activa de un monasterio al otro de la estepa castellana y, a la vez, era capaz de recogerse en oración y, como decía ella, mirarse desde fuera, analizarse, reconocerse. No es propio de una ninfómana neurótica escribir esos versos que muchos han convertido en oración y que ciertamente constituyen un atinado consejo:

Nada te turbe,
Nada te espante,
Todo se pasa,
Dios no se muda.
La paciencia todo lo alcanza
Quien a Dios tiene nada le falta
Solo Dios basta.

Amalia miró a los ojos de Jeffrey y continuó: En la iglesia habían preparado un retiro con un grupo que había conseguido carpas para armarlas frente al mar. El pastor dirigía la actividad, pero también asistió el conferencista de visita en el pueblo.

»Me tiré en la arena, él estaba muy cerca. Un ángel abrió el escote de mi blusa. Un dardo de fuego me penetró hasta las vísceras y al retirarse me dejó ardiente de amor. No eran sufrimientos corporales, pero el cuerpo entero participaba. De pronto escuché un llamado y sentí los brazos del pastor que me sacudían. Estaba sola con él, el conferencista había desaparecido. Me gritó exaltado: ¡Mira los peces han muerto en la arena!

»Corrí huyendo del diablo, y cuanto más corría, más peces morían, exhausta me escondí detrás de unos arbustos. Temblaba en medio de una crisis, mi primera crisis, mi primera catalepsia. Entre las uvas caletas comenzó el complejo de culpa y el miedo a la muerte. Veía los peces muertos aún en aquel rincón oscuro, no me dejaron nunca. Han sido mi barrera ante cualquier experiencia sexual compartida.

—Estabas inicialmente llena de amor y satisfecha de plenitud, aseveró Jeffrey. ¿Crees realmente que amaste a ese conferencista?

—Mis miembros se quebraban de deseos mientras languidecía. Cuando volvía en mí me sentía tan satisfecha que amaba todo. Había paz en mis sentidos. Había llegado a tal grado de gravedad que estaba siempre al borde del desmayo. Sentía un fuego interior que me quemaba. Esa confusión interior me hacía vivir en persistente estado de excitación, constantemente pecaba al mirar las entrepiernas de los hombres. Imaginaba ser penetrada por un largo dardo de fuego. Amalia se sintió confundida, había hablado demasiado, y se detuvo sin saber qué hacer.

Jeffrey la miraba respetuosa y silenciosamente, ella se animó a seguir su confesión:

-Todos mis sentidos quedaron complacidos. Sin embargo, los peces muertos me han castigado, crearon en mí este deseo compulsivo y neurótico de inconformidad con la vida, esta inquietud y concentración alterada.

—Llevas siempre una carga erótica muy fuerte, una hipersexualidad que te produce malestar y culpa.

Has vivido luchando contra tu naturaleza y esa lucha se ha convertido en un trastorno sicológico. No tienes nada de que culparte.

—Pero los peces murieron; estaban en la arena muriendo, sin razón, sin sentido.

41

En el paleolítico se tallaron bastones con un pez fálico en la empuñadura, en la Siberia del neolítico se encuentran en los enterramientos figuras de peces y aun en la escultura medieval aparecen peces en representaciones bíblicas; el pez puede ser corcel para que el sol recorra el inframundo, soporte de la tierra, salvador de la vida después del diluvio o representación de la riqueza. En las culturas sumerias al pez se le atribuyen propiedades curativas, podía incluso ser eficaz contra la infertilidad. Al pez está asociado el tema del dios que muere y resucita en el mito afroeuroasiático de Ishtar, pero, además, aparece como signo de autocastración ante la divinidad o devorador del falo que se arroja al agua en los mitos egipcios. En la tradición hebrea antigua el pez se relaciona con el demonio Asmodelos, aunque siglos después el cristianismo incipiente lo utilice como clave de reconocimiento en épocas de persecución. El Jonás bíblico es tragado por un pez en una especie de descendimiento infernal, pero una creencia hebrea sostiene que el mesías compartirá un pez con los justos cuando llegue el fin del mundo, incluso en el Talmud al Mesías se le llama pez, y más, la segunda venida del Mesías se producirá cuando Saturno y Júpiter coincidan en el signo zodiacal de Piscis. Existen creencias sobre peces de diversas especies como antepasados de los hombres y, al mismo tiempo, sobre el origen de los peces a partir de partes del cuerpo humano; sin que falten los híbridos entre hombres y peces. Hay mitos africanos en que el pez es encarnación del alma del difunto, y en la India puede ser símbolo de un nuevo nacimiento. No es casual el metaforismo de Cristo como pez no solo por el desciframiento de la palabra en griego, sino también como símbolo de pureza, de fe e incluso de la Virgen María. Hay discípulos pescadores de hombres y no falta una imagen de Buda como pescador. El pez puede simbolizar la fecundidad, la fertilidad, la abundancia, la fuerza sexual, la sabiduría; pero también la pobreza, la impasibilidad, la estupidez, la indiferencia, la no diferenciación sexual. La diosa de Ephesus cubría sus genitales con un amuleto en forma de pez. La palabra en algunas lenguas también significó útero. En cultos dedicados al sexo y a la fertilidad tiene conexión con el nacimiento, la sexualidad y la fuerza natural femenina. Dagón fue mitad hombre y mitad pez. El pez que se tragó el pene de Osiris fue conside-

La isla de los peces muertos

rado símbolo de la vulva de Isis. La Diana de los Efesios implica sus genitales en las artes de la pesca. El pez puede ser todo y ser nada. En el terreno de los mitos no hay otro camino de comprensión que el de los propios creadores en su circunstancia específica.

42

—¿Pueden ser aquellos peces que murieron a la orilla del mar un símbolo que el cristianismo importó? ¿Un mito que el pastor de tu iglesia trajo al presente y puso frente a ti como prueba de tu inconsistencia venial? ¿Quiso utilizar esa simbología para presentarse como el pescador de almas traicionado por ti? ¿Era un fanático?, ¿era un hipócrita?

Y continuó Jeffrey: Amalia, tú has conocido el dolor salvaje de vivir como voz de la naturaleza. No era amor lo que sentías, sino el lamento que corre con el deseo bajo las dunas de arena a lo largo de la orilla.

Amalia, por primera vez, se percibía, se sabía, tomaba posesión de sí. Sintió como si se hubiera reunido lo que antes estuvo separado. Su potencia humana se plantó frente al miedo y al temor que despiertan la experiencia de lo sagrado.

43

Cuando Antonio y Gerardo se unieron la conversación se hizo general y derivó hacia el tema de la profecía de Díaz Balart y las sicopatías asociadas al poder.

—Apenas se cuestionan los trastornos mentales de Hitler, dijo Jeffrey, pero él supo interpretar las frustraciones del pueblo alemán y utilizarlas a su antojo.

Y Antonio dijo: —Mussolini se comportó como un jefe tribal, perdió contacto con la realidad y arrastró al pueblo a una guerra sin sentido.

—Napoleón impuso el culto a su personalidad —aportó Amalia aún bajo la bruma de la conversación anterior.

—Stalin fue violento y despiadado, no le tembló la mano a la hora de eliminar a sus enemigos y rivales, —dijo Gerardo.

—El genocidio judío no se le perdonará jamás a Hitler, —dijo Antonio, pero uno se pasma al saber la relación que tenía con la música. Sobre todo después de oír el preludio de *Parsifal* ¿Al oír que solo con el ropaje del héroe se puede servir a Dios, se creería el Salvador del mundo?

Y el monstruo caribeño al cual se opuso Rafael Diaz-Balart a que le otorgaran la amnistía hace 59 años porque solo quería el poder total que le permitiera destruir definitivamente todo vestigio de constitución para instalar la más cruel de las tiranías.

Había en el salón dos taquígrafas, Elsa Calderin y Leonor Quintana, escribiendo los sentimientos que emanaban del alma de un patriota, como Valkirias que preparaban el transporte de los héroes al Walhalla y allí cantar el grito de guerra. Leonor era como Brunilda, mujer bella de ojos azules. Ambas emocionadas, les pareció escuchar el himno de las Valquirias que se interpretó antes de lanzar un ataque de tanques en la segunda guerra mundial.

Este es el último discurso que le escucharemos a Rafael como líder de la mayoría, —dijo Leonor.

Después de terminado el discurso le presentó la renuncia a Batista y este se la negó. Ese «no» fue como el grito silencioso del himno inspirando

La isla de los peces muertos

a los guerreros a luchar. Esa marcha lo estremece porque él no está acostumbrado al silencio. La lucha de las Valquirias será para él como un rizoma que desenterrará: sus brotes pueden ramificarse en cualquier punto, puede fusionarse como raíz, tallo, o rama; sin importar su posición en la planta. En ese rizoma existen líneas de solidez y organización. Es una planta que vive como parte de un alma unitaria y en el poderoso instinto de la naturaleza, en enero de 1959, Rafael Díaz Balart sintió que apretaba entre sus manos un rizoma y floreció «La rosa blanca».

Porque al hombre se le puede arrancar todo, menos una cosa, la última de las libertades humanas: la elección de la actitud personal para decidir su propio camino. Esa libertad que no se puede arrebatar: La que hace que la vida tenga sentido.

—Y Fidel Castro destruyó el significado de la vida del hombre, que vivía en su isla de manera creadora y activa, y como girasoles los tiró al viento, tapándoles el sol.

44

Los Girasoles

Un monstruo solo
Navega en una isla
Y riega las semillas
Que engullen las aguas.

Semillas que no crecieron
Porque sus grandes corolas
Necesitaban luz
La luz que tú le negaste
Cuando caíste del cielo

Ensartaste sus neuronas
Con tu viento de arrebato
Y te volviste humo y nube
Que les tapaba hasta el sol
Espíritu de las tinieblas
Derrotado y sombrío

¡Déjenlo que navegue!
No lo salven. No recojan esa balsa
Para que encuentre los rostros
Que reclaman ese espíritu

De dragón infernal.
Con una sola vida
No pagarás bastante
Monstruo navegante

Obsesión del mal

¡A las doradas corolas
Tú le cambiaste el color
Y le torciste los gajos
En el umbral de ser troncos.
Qué horror el del agua
¡Que del fondo te mira!

¡Parece que el planeta
Estuviera vacío.
Ni vecinas arterias
De soledad sin par
Ni encanto en las estrellas
Ni una gota de luna
¡Solo espanto en el mar!

Cada ola levanta mordidas y zarpazos
De cuerpos hacinados
Y revuelve la espuma
La sed de tantos niños
Que se ahogaron resecos
Para tu huella borrar.

Son fusiles sus ojos
Que apuntan al maligno

La isla de los peces muertos

Buscándole en el pecho
Un lugar donde dar.

De cada niño muerto
Un corazón que mira
Raíces sufrientes
En cada planta viva.
Semillero soberbio
Que en toda su historia
Crecía y crecía
Porque buscaba el sol.

Con gesto lentísimo
El agua se hondea
Y bajan las sombras
Dejando en el aire
Un silencio fiero
Y un zumbar de vida
Que apenas se siente.

Un balsero siniestro y solitario
Navega en el mar
Regando semillas
De encanto indecible
Con sus propias alas
Quisieran volar.

Los encierran en carpas
Con cerca de alambre
Que transmiten gritos
En púas de horror.

¡OH! Diáspora de un pueblo
Volcánico de entrañas.
Con ansiedad de cielo
De libertad, de sol.
Un espíritu maligno
Te arrojó del cielo
Porque te venció Dios
La estela que has dejado
es un abismo
y el ancla de la vida
la cólera del viento
te la arrebató.
Para hundirte la barca
Los huesos se levantan
Escucha las semillas
Que tiraste al mar
Te odio, te odio
Porque te hiciste sombra
Y nos tapaste el sol.

Pueblan los peces
Dulcísimas aguas
Vibra en las olas la melodía
Como promesa de amanecer

Es la aurora que se enciende
Murmullo suave de redención
Entraña de justicia engendros de horizonte
En el cielo alto donde nace el sol.

La isla de los peces muertos

¡Un hombre camina sobre las aguas!
Y tira el ancla de esperanza al mar.

¡Semillas de girasoles tiradas al viento
Sobre las aguas, camina Dios!

45

—Los judíos no olvidan: cerca de la puerta de Brandeburgo, en el corazón de Berlín, está el monumento recordatorio del holocausto. Jeffrey tiene la capacidad de percibir la realidad inmediata sin tener un temperamento contemplativo. Como todos los de su raza: no olvida. No es apasionado, pero sabe destacar el profundo sentido humano de las cosas vivas.

Antonio hablaba del amigo y Gerardo quiso saber cómo se habían encontrado después de tantos años.

—Vine a cerrar un negocio de la compañía que represento y resultó que él tenía acciones en la misma firma. En esos días estaba contrariado con la decisión que había tomado en el entierro de la esposa de mi padre. Conversé con él y encontré paz en su visión sencilla y clara. A mí me tocan de cerca el desánimo y el desaliento; en él, sin embargo, la necesidad de preservar su raza se impone a la queja del pasado.

—Por eso me gustó tu amigo. Es como si me hubiera sacado de esa prisión. Es como si incitara al goce de la vida.

—Me encanta tu reacción, prima. No te asomes más a ese espejo que empaña tu capacidad de vivir. Cada uno de nosotros tiene una rara sensación de dolor, de extrañamiento, de lejanía. Yo he pensado mucho en tu desarraigo social y emocional. Si el espíritu pone en duda nuestros actos de manera absoluta, se acaba por fracturar la relación entre ambos. No sabemos, entonces, como encarar nuestra vida ni alcanzamos a distinguir con claridad lo que queremos. Solo nos llenamos de penas y búsquedas infructuosas. Hace muchos años que viviste «una noche», como me decías cuando vivíamos allá, fue el pasado, la visión de la arena y todavía llevas ese peso encima. Alguien te acusó, y tú levantaste los muros de la cárcel, de la historia en la que has creído. ¿Sabes? La continuidad de la memoria no garantiza que sea verdad, aunque también una memoria alterada puede no ser falsa. Un trastorno postraumático puede producir la pérdida de los recuerdos.

»Yo luché con esos dramas y de alguna manera los solucioné. Me impuse a los recuerdos de abuso en mi infancia, y aunque salen a flote de cuando en cuando, los tengo bajo estricto control.

La isla de los peces muertos

—Por esa razón, continuó Antonio dirigiéndose a Gerardo, reconocí en Jeffrey a la persona adecuada, porque necesité a un conocedor a fondo del alma humana y él había demostrado serlo cuando dio las conferencias en la iglesia donde nos formábamos.

Amalia oyó la referencia, apretó la mano de Gerardo y saltó de golpe: ¡No, no puede ser! Yo lo hubiera reconocido desde el primer momento.

—Es que los recuerdos falsos pueden parecer tan vívidos y reales como si fueran verdaderos, enturbian la percepción de la realidad.

Antonio intervino cuando vio a la prima incapaz de negar la falsedad que la había acompañado toda la vida.

—Fíjate, prima, te encontré tan mal cuando te vi y después al conversar tantas veces contigo, que pensé que erraba al pedirle a Jeffrey que nos acompañara en este fin de año; todo se lo conté, para que él determinara como podíamos ayudarte. Estoy tranquilo porque te veo bien. Él me dijo que había complicaciones cuando un recuerdo involucra un trauma infligido en la niñez. Quizás hubo algún evento que recuerdas como real, aunque solo hubiera sido efecto de la imaginación.

Y Amalia recordó la imagen de Santa Teresa que tanto le había impresionado, y recordó también el falo que creyó ver en las manos del ángel.

Jeffrey trató de comparar el recuerdo de Amalia con el documental de la noche anterior sobre un fenómeno que atrae a cientos de viajeros y ha dotado al lugar con un halo místico-religioso. Se trata de un castillo de llamas inextinguibles situado en Azerbaiyán. Se llama el Templo de Fuego de Bakú. En el siglo XIX el templo fue abandonado. No se conoce su origen religioso, pero los hindúes utilizaban esta construcción para actos de devoción y de vida ascética. Es un templo complejo. En el centro del patio hay como un altar, las esquinas del pabellón sostienen antorchas. El espacio se adapta a los conductos de gases naturales que emergen de los subterráneos y liberan el fuego en lugares estratégicos. Las llamas han estado prendidas durante siglos.

—Este fenómeno se me parece mucho al de los peces muertos en la arena, Antonio se dirigió directamente a su prima. En los días anteriores a mi salida me hablaste de ello muy asustada, y como todos sabían que esa muerte la habían originado los desechos de levadura lo tomé como un comentario tuyo sin mayor trascendencia. La contaminación mató los peces que luego viste en la arena.

La isla de los peces muertos

Jeffrey miró fijamente a Amalia: Supe del retiro que iban a tener los jóvenes en la playa, pero dos semanas antes había terminado mi ciclo de conferencias, y continué mi viaje.

Gerardo sintió la necesidad de romper un silencio que ya no era memoria, sino presencia: Se creía que el fuego había venido del cielo y había sido puesto sobre el altar del primer templo que Zoroastro había mandado a edificar. El Apóstol cubano refiere que será realidad del pueblo errante, como los persas, refugiarse en soledad de conciencia a adorar el fuego, símbolo de la patria sometida, en las cumbres solitarias a donde no halle camino el opresor.

46

El regreso fue de silencio reflexivo para los dos. Amalia pensaba en no expresar más quejas o sufrimientos, no deseaba describir más frustraciones, quería que el Narciso de su interior abandonara la orilla del lago y saliera a caminar sobre la tierra. Recordaba las palabras de Jeffrey: Si continúas buscando lo que imaginas y no la realidad de tu vida actual, aunque el recuerdo se encuentre frente a tus ojos no lo vas a ver. La tarea consiste en percibir la realidad. Ni crearla ni inventarla. Usa tu libre albedrío, esa libertad que tiene tu mente es un paraíso del cual no te pueden expulsar. Aprovecha el altar en llamas que atiza tu propio ser.

Como si Gerardo adivinara lo que ella pensaba, como si percibiera la fuerza nueva que traía de regreso rompió su silencio: El sexo es un elemento creativo, un océano que se nutre de todos los ríos de la vida y el pez tiene una representación fálica y espiritual a la vez… es un misterio incomprensible que me recuerda un poema egipcio, lamento o carencia, no lo sé, que surge desde la profundidad del mar. Data de 2200 a 1800 antes de Cristo y posee el mismo ritmo que los poemas hebreos del Antiguo Testamento.

El deseo de mi corazón
Es bañarme junto a ti
Y que muestres tu belleza
En una túnica de fino y real lino.

Sumergirme en el agua contigo
Y salir hacia ti, llevando
Un pez rojo que tengo vivo
Entre mis dedos.

fin

Lincoln Diaz-Balart (Comentario)

Miriam Morell generosamente relata la oposición de mi padre, Rafael Diaz-Balart, a la amnistía de Fidel Castro y demás asaltantes del Cuartel Moncada.

Tras haber causado un baño de sangre el 26 de julio de 1953, Fidel Castro había sido condenado a 15 años de prisión por un tribunal de jueces civiles. Menos de dos años más tarde, Castro y su grupo fueron amnistiados.

Rafael Diaz-Balart se opuso vehementemente a esa amnistía de Castro. Como él escribió en su autobiografía, «Cuba: Intrahistoria. Una Lucha Sin Tregua»...*si hay una Ley aprobada en aquellos años que traería consecuencias terribles para Cuba, fue la Ley presentada en el Senado por el Senador Auténtico Arturo Hernández Tellaheche y en la Cámara por el líder de la oposición, Juan Amador Rodríguez, mediante la cual se otorgó en mayo de 1955 una amplia amnistía a quienes habían atacado el Cuartel Moncada 22 meses antes, provocando más de cien muertos y otros tantos heridos. Después de ese inaugural hecho sangriento, Fidel Castro y sus secuaces habían sido juzgados por un Tribunal independiente y condenados a diversas penas de cárcel que oscilaban entre dos y quince años, que era la condena más alta, para el cabecilla.*

Se produjo una gran movilización de la opinión pública nacional a favor de la aprobación de la Ley de Amnistía. Sin duda, al margen de las probables buenas intenciones, se trató de un error político, de una ceguera colectiva, tal y como ha quedado demostrado por la historia. Yo tengo el honor de haberme opuesto, prácticamente en solitario, a tal medida. En primer lugar, entendí que la concesión de esa amnistía a tan sólo veintidós meses del fratricida suceso, significaba una afrenta al Poder Judicial y a las decisiones de sus tribunales independientes, al tiempo que entrañaba un gravísimo peligro para la estabilidad de la República. Significaba una provocación a las fuerzas armadas y un serio peligro de perturbación social, por cuanto Fidel Castro y su grupo no ocultaban sus designios siniestros, desde la misma cárcel, de continuar preparando actos violentos de naturaleza terrorista contra la sociedad.

Mi padre no era un profeta. Pero conocía a Fidel Castro como muy pocos, y sabía que, si llegaba al poder, Castro destruiría a Cuba. Es realmente trágico que Rafael Diaz-Balart no fue escuchado.

Lincoln Diaz-Balart
24 de junio de 2014

www.ingramcontent.com/pod-product-compliance
Lightning Source LLC
LaVergne TN
LVHW021714060526
838200LV00050B/2661